Rica Steller

# Topsharing als Instrument des Employer Brandings

## Wie Jobsharing für Führungskräfte arbeitsrechtlich umgesetzt werden kann

**Bibliografische Information der Deutschen Nationalbibliothek:**

Die Deutsche Nationalbibliothek verzeichnet diese Publikation in der Deutschen Nationalbibliografie; detaillierte bibliografische Daten sind im Internet über http://dnb.d-nb.de abrufbar.

**Impressum:**

Copyright © Science Factory 2019

Ein Imprint der GRIN Publishing GmbH, München

Druck und Bindung: Books on Demand GmbH, Norderstedt, Germany

Covergestaltung: GRIN Publishing GmbH

# Inhaltsverzeichnis

Abbildungsverzeichnis .................................................................... IV

**1 Einleitung** .................................................................................. 1

    1.1 Begriffsbestimmungen ............................................................ 3

    1.2 Gestaltungsmöglichkeiten des Topsharings ........................... 5

    1.3 Chancen und Risiken des Topsharings ................................... 10

**2 Personalwirtschaftliche Aspekte des Topsharings als Instrument des Employer Brandings** ............................................. 12

    2.1 Zukünftige Herausforderungen für Unternehmen ................. 12

    2.2 Grundlagen des Employer Brandings ..................................... 15

    2.3 Topsharing als Instrument des Employer Brandings ............. 20

    2.4 Zwischenfazit .......................................................................... 28

**3 Arbeitsrechtliche Rahmenbedingungen des Topsharings** .... 30

    3.1 Allgemeine rechtliche Grundlagen ......................................... 30

    3.2 Besonderheiten der Topsharingvarianten .............................. 49

    3.3 Zwischenfazit .......................................................................... 54

**4 Handlungsempfehlungen** ....................................................... 55

    4.1 Strategische Ausrichtung des Topsharings definieren: ......... 55

    4.2 Förderliche Faktoren bei der Umsetzung des Modells beachten: ........ 56

**5 Fazit** ......................................................................................... 57

**Anhang** ....................................................................................... 59

    Anhang Jobsharing Muster-Zusatzvertrag ................................. 59

**Literaturverzeichnis** ................................................................. 62

# Abbildungsverzeichnis

Abb. 1) Das Modell Topsharing im Überblick ..................................................... 6

Abb. 2) Einfache Wöchentliche Aufteilung ........................................................ 8

Abb. 3) Wöchentliche Aufteilung mit einem gemeinsamen Vormittag ................ 8

Abb. 4) Strategische Ausrichtung des Employer Brandings ............................. 17

Abb. 5) Prozessphasen des Employer Brandings ............................................ 18

Abb. 6) Herausforderungen der Megatrends für die Unternehmen .................. 21

Abb. 7) Schnittmenge Work Life Balance ....................................................... 25

Abb. 8) Rechtliche Besonderheiten des Topsharings ...................................... 33

# 1 Einleitung

Der Mythos, Führung und damit auch Führungspositionen seien nicht teilbar, ist in der Gesellschaft noch immer stark verankert.[1] Zahlreiche Praxisbeispiele zeigen, dass Teilzeitmodelle für Führungskräfte[2] realisierbar sind, wenn die relevanten Stellen dafür spezifisch angepasst werden.[3] Grundsätzlich gilt:

> „Jede Stelle ist immer Ergebnis und Bestandteil von Arbeitsteilung und daher ihrerseits auch stets weiter teilbar. (Andreas Hoff)"[4]

Eine Möglichkeit Teilzeittätigkeiten für Führungskräfte zu realisieren, ist das Topsharing. Trotz vorhandener Praxisbeispiele ist der Verbreitungsgrad bisher statistisch nicht erfasst worden.[5] Jobsharing hingegen wird in ca. 11% der Unternehmen angeboten.[6] In Anbetracht des kleineren Personenkreises des Topsharings, der lediglich die Führungskräfte umfasst, ist anzunehmen, dass das Modell noch seltener umgesetzt wird. Eine kürzlich veröffentlichte Studie bestätigt jedoch, dass von Seiten der Führungskräfte ein relativ hohes Interesse an dieser Arbeitsform besteht. 42% der befragten Frauen und 34% der Männer würden aktuell, bzw. 73% der Frauen und 47% der Männer innerhalb der nächsten ein bis fünf Jahre, gerne in diesem Modell arbeiten.[7] Der geringe Verbreitungsgrad des Topsharings verbunden mit dem hohen Interesse der Führungskräfte, birgt ein hohes Potenzial für Unternehmen.

---

[1]  Kuark, Das Modell Topsharing, S. 4.
[2]  Aus Gründen der besseren Lesbarkeit wird innerhalb der vorliegenden Ausarbeitung auf geschlechterspezifische Formulierungen verzichtet. Dennoch sind stets weibliche und männliche Personen gleichermaßen gemeint.
[3]  Himmen, Topsharing, S. 23.
[4]  Karlshaus/Kaehler, in: Karlhaus/Kaehler, Teilzeitführung, S. 16.
[5]  Himmen, Topsharing, S. 25.
[6]  Flüch/Stettes, IW-Trends 03/2013, 1 (8).
[7]  Himmen, Topsharing, S. 114 f.

Während die bisherige Literatur sich zwar mit der Implementierung und Gestaltung des Topsharings beschäftigt hat,[8] blieb eine tiefergehende Auseinandersetzung bzgl. seiner strategischen Bedeutung für Unternehmen bisher weitestgehend aus. Aus diesem Grund wird sich die vorliegende Arbeit mit der Frage beschäftigen, ob Topsharing von Arbeitgebern als ein probates Instrument des Employer Brandings genutzt werden kann, um Vorteile bei der Gewinnung bzw. Bindung begehrter Führungskräfte zu generieren und seine Arbeitgeberwettbewerbsfähigkeit nachhaltig zu steigern.

Zudem wird sie sich den bestehenden Unsicherheiten der Unternehmen annehmen, die sich einerseits auf die geringe rechtliche Relevanz der letzten Jahre zurückführen lässt,[9] sowie auf die Tatsache, dass in Deutschland kaum Literatur existiert, die darauf eingeht, wie die mit Führungspositionen einhergehenden Besonderheiten des Topsharings rechtlich einzuordnen sind. Die Relevanz dieser Fragestellung wurde durch eine Unternehmensumfrage bestätigt, die ergab, dass sich 74% der befragten Unternehmen vorstellen können das Modell für Führungskräfte zu implementieren, vorausgesetzt die personelle und rechtliche Ausgestaltung wäre im Vorfeld ausreichend geklärt.[10]

Das Ziel der vorliegenden Bachelorarbeit wird es sein, die folgende Forschungsfrage zu beantworten: Steigt die Relevanz des Topsharings auf Grund seiner aktuellen Bedeutung als Employer Branding Instrument und stellt die arbeitsrechtliche Umsetzbarkeit eine Hürde für Unternehmen dar? Die methodische Vorgehensweise der inhaltlichen Auseinandersetzung erfolgt literaturbasiert. Nicht Teil dieser Ausarbeitung kann die Teilzeitführung durch Arbeitszeitreduzierung einer einzelnen Führungskraft sein. Vielmehr soll die Arbeitsplatzteilung thematisiert werden, wobei der Fokus auf der Besetzung der Führungsposition durch zwei Personen liegt.

---

[8] Baillod, in: Ulich, Beschäftigungswirksame Arbeitsmodelle, S. 287 ff; Abrell, Führen in Teilzeit, S. 77 ff; Ladwig/Domsch, in: Karlshaus/Kaehler, Teilzeitführung, S. 115 ff.
[9] Schüren, in: MHdB ArbR, § 144 Rn. 4.
[10] Broel, Chefposten für Zwei?, S. 50.

Im Folgenden werden zunächst die Grundlagen des Topsharings vorgestellt (Kapitel 1), um im Anschluss mögliche Vorzüge für das Employer Branding von Unternehmen in Anbetracht aktueller Herausforderungen, herauszuarbeiten. Zudem werden drei Topsharingvarianten für die Praxis entwickelt (Kapitel 2). Des Weiteren wird die Umsetzbarkeit des Modells und seiner Varianten in Anbetracht der rechtlichen Rahmenbedingungen beleuchtet und auf mögliche Schwachstellen hingewiesen. Es werden Handlungsempfehlungen für Arbeitgeber vorgestellt, die in Erwägung ziehen, Topsharing in ihrem Unternehmen einzuführen (Kapitel 4). Ein anhängender Vertragsentwurf soll abschließend zur korrekten rechtlichen Umsetzung beitragen.

## 1.1 Begriffsbestimmungen

Im vorliegenden Kapitel werden zunächst die Merkmale des Jobsharings als Grundlage des Topsharings erläutert, anschließend das Topsharing selbst definiert und letztlich festgelegt, welcher Personenkreis im Folgenden als Führungskraft angesehen wird.

### 1.1.1 Jobsharing:

Der Begriff des Jobsharings stammt ursprünglich aus den USA und wurde erstmals im Jahr 1977 durch Barney Olmsted in der Fachliteratur erwähnt.[11]

„Job sharing is: two people sharing the responsibilities of one full-time job with salary and benefits prorated."[12] Olmsted hebt in seiner Definition des Jobsharings die Aufteilung einer Vollzeitposition auf zwei Personen und ihre geteilte Verantwortung einer Arbeitsstelle hervor. Nach Danne ist für das Jobsharing folgendes charakteristisch:

---

[11] Schüren, Job Sharing, S. 19.
[12] Ebenda.

„Beim Jobsharing verpflichtet sich der Arbeitnehmer auf Grund seines Arbeitsvertrages, den ihm zugewiesenen Arbeitsplatz in Abstimmung mit dem anderen am gleichen Arbeitsplatz Beschäftigten im Rahmen eines vorher aufgestellten Arbeitszeitplanes während der betriebsüblichen Arbeitszeit -aber alternierend- zu besetzen."[13]

Der Gesetzgeber bezeichnet in § 13 TzBfG[14] eine Arbeitsplatzteilung (übersetzt Jobsharing) als eine Vereinbarung zwischen Arbeitgeber und mehreren Arbeitnehmern sich die Arbeitszeit an einem Arbeitsplatz zu teilen. Trotzdem wird in der Literatur zumeist nicht die deutsche Übersetzung verwandt. Vielmehr hat sich die amerikanische Bezeichnung als terminus technicus in den allgemeinen Sprachgebrauch eingebürgert. Mit beiden Begriffen wird aber der gleiche Sachverhalt beschrieben.[15] Während Olmsted und Danne ihre Definitionen noch auf zwei Personen stützen und Olmsted einen Vollzeitarbeitsplatz als Grundlage heranzieht, zeichnet sich die gesetzliche Definition dadurch aus, dass von einer undefinierten Anzahl von Arbeitnehmern („mehreren") gesprochen wird und eine Vollzeitstelle keine Voraussetzung darstellt.[16] Kennzeichnend für Jobsharing ist demnach vielmehr das Teilen der Arbeitszeit und die alternierende Besetzung eines Arbeitsplatzes von mehreren Arbeitnehmern, die die Arbeitszeit eigenverantwortlich festlegen.[17] Die weitgefasste gesetzliche Definition wird im Folgenden die Grundlage der vorliegenden Arbeit sein.

### 1.1.2 Topsharing:

Der Begriff des Topsharings geht zurück auf die Schweizer Organisationsberaterin Julia Kuark und den Kommunikationsberater Hans Ulrich Locher. Zusammen haben sie den Begriff nachhaltig geprägt und verstehen unter Topsharing „Jobsharing für Führungspositionen mit einem explizit

---

[13] Danne, Das Job-sharing, S.12.
[14] Gebraucht werden die üblichen Abkürzungen, vgl. Kirchner, Hildebert, Abkürzungsverzeichnis der Rechtssprache, 8. Aufl., Berlin 2015.
[15] Danne, Das Job-sharing, S. 12 f.
[16] Holwe u.a., Teilzeit- und Befristungsgesetz, S. 7.
[17] Linde, in: Preis, IAf, S. 889 f.; Boecken, in: HK-TzBfG, § 13 Rn. 3.

definierten Anteil gemeinsam getragener Verantwortung"[18]. Das deutsche Gesetz unterscheidet nicht zwischen Jobsharing und Topsharing. Letzteres stellt lediglich eine begriffliche Eigenkreation von Kuark und Locher dar und bedarf daher keiner separaten gesetzlichen Behandlung. Topsharing fällt als Unterform des Jobsharings damit ebenfalls unter die Anwendung des § 13 TzBfG und wird rechtlich als Jobsharing behandelt.[19]

### 1.1.3 Führungskraft:

In der Literatur finden sich viele unterschiedliche und teils uneinheitliche Definitionen einer Führungskraft. Vorliegend wird auf folgende Ausführung Bezug genommen: Bei Führungskräften handelt es sich um Personen mit Personal- und Sachverantwortung, die auf Grund ihrer hierarchischen Position Einfluss auf das gesamte Unternehmen oder seine bedeutendsten Teilbereiche ausüben können.[20] Die hiesige Arbeit beschäftigt sich dabei nicht mit den Organvertretern juristischer Personen, sondern stellt Arbeitnehmer in den Fokus, die sich auf den, der Geschäftsleitung nachgeordneten Hierarchieebenen befinden, z.B. Bereichs-, Abteilungs- und Teamleiter. Unter diese Definition können auch leitende Angestellte fallen. Im weiteren Verlauf der Arbeit wird vor allem die gesetzliche Definition eines leitenden Angestellten gem. § 5 III S. 2 BetrVG relevant. Falls sich im Folgenden rechtliche Besonderheiten für leitende Angestellte ergeben, wird darauf separat hingewiesen. Andernfalls ist keine Differenzierung notwendig und die Ausführungen sind für alle Führungskräfte relevant.

## 1.2 Gestaltungsmöglichkeiten des Topsharings

In diesem Kapitel wird das arbeitsorganisatorische Modell Topsharing von Julia Kuark vorgestellt, welches als Planungsinstrument diejenigen Aspekte aufzeigt, die mit Führungsaufgaben einhergehen und bei der erfolgreichen Vorbereitung und Umsetzung des Topsharings

---

[18] Kuark, Das Modell TopSharing, S. 2, 14.
[19] Broel, Chefposten für Zwei?, S. 19.
[20] Springer-Gabler, Kompakt-Lexikon HR, S. 51 f.

Berücksichtigung finden sollten.[21] Es beruht auf der Idee ein partnerschaftliches Führungskonzept arbeitsorganisatorisch zu verwirklichen und dabei eine Führungsposition durch das Prinzip der gemeinsamen Führungsverantwortung auf zwei oder mehrere Personen aufzuteilen.[22] Bis heute stellt es das Modell dar, auf welches im Zuge des Jobsharing für Führungskräfte am häufigsten zurückgegriffen wird. An passender Stelle werden zudem Gestaltungsmöglichkeiten aus der Praxis aufgezeigt.

Das Modell Topsharing besteht aus den drei Eckpfeilern Arbeitsinhalt, gemeinsame Verantwortung und Arbeitsorganisation (s. Abbildung 1). Jeder Eckpfeiler besteht wiederum aus Gestaltungsdimensionen, auf die je nach Relevanz für die vorliegende Arbeit unterschiedlich intensiv eingegangen wird. Das Zentrum des Modells bildet der dialogische Kern.

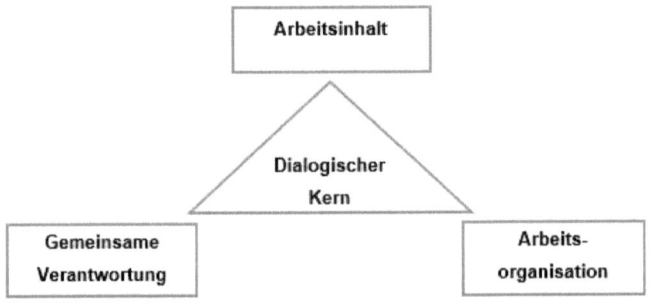

Abb. 1) Das Modell Topsharing im Überblick[23]

### 1.2.1 Arbeitsinhalt:

Damit eine Stelle auf zwei oder mehrere Personen aufgeteilt werden kann müssen zunächst die Arbeitsinhalte auf die Topsharer aufgeteilt werden. Dabei sollte das Arbeitspensum der Stelle sowie die Kompetenzen und Wünsche der Jobsharer berücksichtigt werden.[24] In der Literatur wird bei der inhaltlichen Aufteilung der Arbeit vor allem zwischen arten- und

---

[21] Kuark, Das Modell TopSharing, S. 14.
[22] Kuark/Wyss, ZfO 1/2016, 37 (39).
[23] Quelle: Eigene Darstellung in Anlehnung an Kuark, Das Modell TopSharing, S. 20.
[24] Kuark, Das Modell TopSharing, S. 22.

mengenmäßiger Aufgabenteilung differenziert. Von einer reinen Artenteilung wird gesprochen, wenn jeder Jobsharer durch die Aufteilung der stellenbezogenen Gesamtaufgabe unterschiedliche Teilaufgaben zu erledigen hat. Bei einer Mengenaufteilung hingegen wird die Gesamtaufgabe ausschließlich in ihrem Umfang aufgeteilt und die Jobsharer gehen kongruenten Aufgaben nach. Die Relevanz der reinen Arten- und Mengenaufteilung ist in der Praxis eher gering, viel häufiger treten sie als Mischform auf.[25] Dies kann z.b. durch die Einteilung der Führungskräfte als Hauptansprechpartner für einzelne Aufgabenbereiche erfolgen. Dabei trägt jede Führungskraft die Verantwortung für den eigenen Teilbereich. Für einen explizit definierten Teil übernehmen die Topsharer die gemeinsame Verantwortung.[26] Kuark empfiehlt die Vereinbarung einer solchen Mischform der Aufgabenaufteilung, denn „wenn alles klar getrennt ist, handelt es sich eher um Teilzeitarbeit; wenn alles in gemeinsamer Verantwortung ist, entsteht eine grosse [sic!] Abhängigkeit, die kritisch sein kann."[27] In jedem Falle sollte die Aufgabenverteilung schriftlich fixiert und den Mitarbeitern zur Verfügung gestellt werden.[28]

### 1.2.2 Arbeitsorganisation:

Für die Arbeitsorganisation müssen ebenfalls Vorkehrungen getroffen werden, um eine Arbeitsplatzteilung für Führungskräfte zu ermöglichen. Die größte Bedeutung kommt dabei der zeitlichen Aufteilung der Arbeit zu. Hierbei sollten sowohl die Rahmenbedingungen des konkreten Arbeitsplatzes als auch persönliche Präferenzen der Jobsharer Berücksichtigung finden. In der Praxis bietet Jobsharing dafür zahlreiche Möglichkeiten. Die Arbeitsplatzpartner verständigen sich darüber wer von ihnen wie viel der insgesamt zu leistenden Arbeitszeit zu erledigen hat (Chronometrie) und wann, also zwischen welchen Zeitpunkten, diese von jedem einzelnen übernommen werden können (Chronologie).[29] Häufig teilen sich

---

[25] Schuh/Schultes-Jaskolla/Stitzel, in: Marr, Arbeitszeitmanagement, S. 130.
[26] Abrell, Führen in Teilzeit, S. 93.
[27] Kuark, Das Modell TopSharing, S. 22.
[28] Abrell, Führen in Teilzeit, S. 93.
[29] Schuh/Schultes-Jaskolla/Stitzel, in: Marr, Arbeitszeitmanagement, S. 130.

zwei Personen eine Stelle. Es sind aber ebenso beispielsweise drei Personen möglich, die sich 1,6 Stellen teilen. Außerdem können die Zeitanteile untereinander variieren und müssen nicht identisch sein z.B. 50% und 60%. Die Bandbreiten gehen üblicherweise von 50 bis 75% und die Verteilung der Zeit kann fest oder flexibel erfolgen. Eine Überlappungszeit und eine damit zusammenhängende „Überbesetzung" der Stelle in Höhe von 110- 120% ist als empfehlenswert anzusehen, damit die Partner ausreichend Zeit für gemeinsame Teambesprechungen haben und sich gegenseitig über aktuelle Ereignisse informieren können. Zudem kann eine Vereinbarung sinnvoll sein, sich gegenseitig in dringenden Angelegenheiten ausnahmsweise auch in der Freiphase kontaktieren zu dürfen. Der Mehraufwand der „Überbesetzung" wird durch die Vorteile die Topsharing mit sich bringt (s. Chancen und Risiken) aber erfahrungsgemäß ausgeglichen.[30] Es werden zwei Varianten kurz vorgestellt:

| MONTAG | DIENSTAG | MITTWOCH | DONNERSTAG | FREITAG |
|---|---|---|---|---|
| Mitarbeiter A | Mitarbeiter A | Mitarbeiter A | Mitarbeiter B | Mitarbeiter B |
| Mitarbeiter B | Mitarbeiter B | Mitarbeiter B | Mitarbeiter A | Mitarbeiter A |

Abb. 2) Einfache Wöchentliche Aufteilung[31]

In Variante 1 arbeiten beide Jobsharing-Partner z.B. 50% also 2,5 Arbeitstage.

| MONTAG | DIENSTAG | | MITTWOCH | DONNERSTAG | FREITAG |
|---|---|---|---|---|---|
| Mitarbeiter A | Mitarb. A | Mitarb. B | Mitarbeiter A | Mitarbeiter B | Mitarbeiter B |
| Mitarbeiter A | Mitarbeiter A | | | Mitarbeiter B | Mitarbeiter A |

Abb. 3) Wöchentliche Aufteilung mit einem gemeinsamen Vormittag[32]

Variante 2 zeigt Jobsharer die z.B. 40% bzw. 60% arbeiten und einen Tag als Überlappungszeit wählen. An einem Nachmittag arbeitet keiner der beiden, sie sind aber in dringenden Fällen telefonisch erreichbar. Alternativ könnte stattdessen auch Telearbeitszeit eingeplant werden.

---

[30] Abrell, Führen in Teilzeit, S. 77, 94.
[31] Quelle: Krone-Germann u.a., Jobsharing, S. 9.
[32] Quelle: Ebenda.

Dabei geht die Führungskraft ihren Arbeitsaufgaben mit Hilfe moderner Informations- und Kommunikationstechnologie außerhalb ihres Arbeitsplatzes z.B. von zu Hause nach.[33] Dies stellt eine nützliche Option der Arbeitsorganisation für Jobsharer dar, denn die Arbeitsplatzpartner können sich bei Bedarf auch in ihrer Abwesenheit über aktuelle Ereignisse informieren.[34]

Als weitere Voraussetzung ist eine ausreichende Arbeitsinfrastruktur im Sinne von Arbeitsplatzgestaltung, Arbeitsmitteln und technischer Ausstattung angemessen zu organisieren.[35] Für ein erfolgreiches Topsharing ist es von Vorteil, den Partnern ein gemeinsames Büro zur Verfügung zu stellen.[36] Zudem muss im Vorfeld thematisiert werden, inwiefern sie sich gegenseitig vertreten können und wie dies in ihren Arbeitsverträgen niedergeschrieben werden soll.

### 1.2.3 Gemeinsame Verantwortung:

Für die Stabilität des Modells ist der Eckpfeiler der gemeinsamen Verantwortung von hoher Bedeutung, denn das Fällen von Entscheidungen macht für Führungskräfte einen essentiellen Teil ihrer Tätigkeiten aus. Für die Entscheidungsfindung benötigt es im Vorfeld genaue Regelungen, welche Entschlüsse durch ein einzelnes Mitglied bzw. nur gemeinsam getroffen werden sollen und wie mit zeitkritischen Entscheidungen umzugehen ist.[37] Ziel ist, ein Gleichgewicht zwischen individuellen und gemeinsamen Aufgaben, Kompetenzen und Verantwortlichkeiten zu erreichen. Einzelaufgaben sollten an die einzelnen Personen in Abhängigkeit ihres persönlichen Fachwissens übertragen werden und Kernaufgaben müssen „von beiden Beteiligten auf gleichberechtigte Weise beeinflusst und getragen" werden.[38] Beispiele dafür könnten Personal- sowie Investitionsentscheidungen sein. Auch wenn sich der Aufwand der Entscheidungs-

---

[33] BAuA, Flexible Arbeitszeitmodelle, S. 14.
[34] Krone-Germann u.a., Jobsharing, S. 6; Abrell, Führen in Teilzeit, S. 107.
[35] Kuark, Das Modell TopSharing, S. 24.
[36] Abrell, Führen in Teilzeit, S. 95.
[37] Kuark, Das Modell TopSharing, S. 23.
[38] Ebenda, S. 18.

findung durch zwei oder mehrere Personen im Gegensatz zu einer „Ein-Mann-Entscheidung" intensiviert, besitzt das Modell den großen Vorteil eines vertraulichen, konstruktiven Austausches „auf Basis eines breiteren Spektrums an Überlegungen".[39] Insbesondere bei wichtigen Entscheidungen kann dies hilfreich sein und zu qualifizierten Ergebnissen beitragen.[40]

### 1.2.4 Dialogischer Kern:

Der dialogische Kern des Modells ist ein partnerschaftliches Führungsverständnis, welches von der Bereitschaft zur Reflexion, Veränderung, gemeinsamen Kommunikation aber auch Toleranz und Flexibilität gegenüber anderen Arbeitsweisen und Meinungen geprägt ist.[41] „Unabdingbare Voraussetzung für alle Beteiligten ist die Bereitschaft, partnerschaftlich miteinander zu arbeiten und nicht in Konkurrenz miteinander zu treten. Einzelkämpfer sind für das Topsharing nicht geeignet."[42]

## 1.3 Chancen und Risiken des Topsharings

Topsharing bietet sowohl für Unternehmen als auch für die Partner zahlreiche Chancen und Risiken, die es abzuwägen gilt. Einige von ihnen werden im Folgenden kurz aufgezeigt.

Aus **Unternehmenssicht** bietet sich mit Hilfe des Topsharings die Möglichkeit Führungspositionen aufzuteilen, selbst solche die dauernd besetzt sein müssen. Damit kann das betriebliche Knowhow hochqualifizierter Mitarbeiter gesichert werden, die keiner Vollzeittätigkeit nachgehen können bzw. wollen. Durch das Angebot von innovativen Arbeitsmodellen wird die Arbeitgeberattraktivität gesteigert und die Gefahr von Fluktuation und den damit verbundenen hohen Kosten sinkt. Zudem führt die doppelte Führungsspitze zu einer höheren Qualität und Akzeptanz von Führungsentscheidungen. Sie birgt das Potenzial die Motivation, die Verbundenheit mit dem Unternehmen und die Produktivität zu steigern und

---

[39] Kuark/Wyss, ZfO 1/2016, 37 (39); Kuark, Das Modell TopSharing, S. 18.
[40] Krone-Germann u.a., Jobsharing, S. 10; Kuark, Das Modell TopSharing, S. 9.
[41] Kuark, Das Modell TopSharing, S. 18.
[42] Abrell, Führen in Teilzeit, S. 78.

gleichzeitig Fehlzeiten und Überstunden zu reduzieren.[43] Auf der anderen Seite steigen die Personal- und Sachkosten durch die „Doppelbesetzung". Der erhöhte Koordinations- und Abstimmungsaufwand führt zu erschwerten Entscheidungsprozessen.[44]

Aus **Arbeitnehmerperspektive** bietet Topsharing die Chance, qualifizierten und interessanten Arbeitsaufgaben in reduzierter Arbeitszeit nachgehen zu können und gleichzeitig die Balance zwischen Berufs- und Privatleben zu erhöhen. Dies kann zu einem Abbau des Stressempfinden führen und das Risiko eines Burn-Outs verringern. Das Arbeitsmodell ermöglicht es, während der Elternzeit einer qualifizierten Teilzeittätigkeit nachzugehen und die Karrieremöglichkeiten aufrechtzuerhalten. Des Weiteren sind gleitende Unternehmenseintritte bzw. -austritte mit Hilfe des Topsharings umsetzbar.[45] Andererseits müssen die Arbeitnehmer ein reduziertes Einkommen, eine intensivere Arbeitszeit und die Abhängigkeit vom Jobsharing-Partner, die ggf. zu einem erhöhten Konfliktpotenzial untereinander führen kann, einkalkulieren. Topsharing geht außerdem mit geringeren persönlichen Profilierungsmöglichkeiten einher, zu denen in präsenzorientierten[46] Unternehmen verringerte Aufstiegschancen hinzukommen können.[47]

Die Entscheidung welche Aspekte für Unternehmen und Arbeitnehmer letzten Endes überwiegen, muss individuell je nach unternehmerischer und persönlicher Situation abgewogen und im Vorfeld der Entscheidungsfindung berücksichtigt werden.

---

[43] Baillod, in: Ulich, Beschäftigungswirksame Arbeitszeitmodelle, S. 294 f.
[44] Kuark, Das Modell TopSharing, S. 11.
[45] Abrell, Führen in Teilzeit, S. 20 ff.; Kuark, Das Modell TopSharing, S. 9; Baillod, in: Ulich, Beschäftigungswirksame Arbeitszeitmodelle, S. 297 ff.
[46] Status und Wertschätzung einer Führungskraft werden durch ihre Repräsentanz und Sichtbarkeit begründet. Baillod, in: Ulich, Beschäftigungswirksame Arbeitszeitmodelle, S. 323.
[47] Baillod, in: Ulich, Beschäftigungswirksame Arbeitszeitmodelle, S. 299 ff.; Kuark, Das Modell TopSharing, S. 11.

## 2 Personalwirtschaftliche Aspekte des Topsharings als Instrument des Employer Brandings

Im Folgenden werden ausgewählte zukünftige Herausforderungen für Unternehmen erläutert und die Relevanz des Employer Brandings zur Abminderung sich daraus ergebener problematischer Tendenzen vorgestellt. Im Anschluss werden die Grundlagen des Employer Brandings näher untersucht und grundlegende konzeptionelle Schritte vorgestellt. Der Fokus liegt auf der strategischen Ausrichtung des Employer Brandings. Darauf aufbauend gilt es, das Topsharing als Instrument des Employer Brandings auf mögliche Zielgruppen zu übertragen und seinen Beitrag zur Sicherstellung des zukünftigen Führungskräftebedarfs vorzustellen.

### 2.1 Zukünftige Herausforderungen für Unternehmen

Zur Wahrung ihrer Wettbewerbsfähigkeit sollten Unternehmen zukünftige Herausforderungen beachten. Die Analyse von Megatrends und ihren Auswirkungen auf das Unternehmen ist essentiell, um rechtzeitig Strategien und Maßnahmen ableiten zu können.[48] Megatrends unterscheiden sich von anderen Trends durch ihren langfristigen und übergreifenden Transformationsprozess, der auf alle Akteursgruppen wirkt und Umwälzungen diverser Bereiche zur Folge hat.[49] Es wird Bezug genommen auf zwei Megatrends, die mit Hilfe einer Studie der deutschen Gesellschaft für Personalführung identifiziert werden konnten[50]:

#### 2.1.1 Megatrend 1: Demografischer Wandel

Der demografische Wandel bezeichnet eine Bevölkerungsveränderung im Hinblick auf die Zusammensetzung von Größe und Struktur.[51] Basierend auf Annahmen zur Geburten-, Sterbe- und Migrationsrate hat das Statistische Bundesamt die Bevölkerungsentwicklung bis zum Jahr 2060 vorausberechnet. Die Ergebnisse dieser Untersuchung gehen von einer

---

[48] Olesch, Der Weg zum attraktiven Arbeitgeber, S. 22 f.
[49] Langhoff, in: Langhoff, Innovationskompetenz im demografischen Wandel, S. 14.
[50] DGFP, DGFP Studie Megatrends 2015, S. 4 ff.
[51] Günther, in: Preißing, Erfolgreiches Personalmanagement im demografischen Wandel, S. 5.

deutlichen Reduzierung der Geburtenrate, bei gleichzeitiger Steigerung der Lebenserwartung der Bevölkerung aus. Das Geburtendefizit kann dabei langfristig auch nicht mehr von der geschätzten Zuwanderung kompensiert werden. Folglich wird der Bevölkerungsanteil junger Menschen weiter sinken und die Zahl älterer Menschen gleichzeitig beschleunigt steigen, was sich in einer Verschiebung der Altersstruktur zeigen wird.[52] Des Weiteren werden die geburtenstarken Jahrgänge, die Mitte der 1950-er Jahre bis Ende der 1960-er Jahre geboren wurden, den Arbeitsmarkt in den kommenden Jahren nach und nach verlassen und damit eine Lücke generieren, die von den jüngeren Generationen nicht gefüllt werden kann.[53] Zudem reduziert sich die Gesamteinwohnerzahl Deutschlands, was weitreichende Auswirkungen auf die Bevölkerung im Erwerbsalter (20-67 Jahre) haben wird. 2013 gehörten noch 49,2 Millionen Menschen dieser Bevölkerungsschicht an, 2060 werden es nur noch 36-40 Millionen sein. Das entspricht einer Reduzierung der erwerbstätigen Personen um 19- 27% (abhängig vom Grad der Zuwanderung).[54]

Neben den dargestellten quantitativen Auswirkungen des demografischen Wandels auf den Arbeitsmarkt werden zudem Stimmen lauter, die auf Grund des gleichzeitigen Anstiegs der Qualifikationsanforderungen und einer Nachfragesteigerung nach Fachkräften vor einem bevorstehenden Fachkräftemangel in Deutschland warnen. Ein Fachkräftemangel läge vor, wenn der Arbeitsnachfrage zu wenig passend qualifizierte Arbeitskräfte gegenüberständen.[55] Unter Fachkräften werden Erwerbsfähige verstanden, die mindestens über eine abgeschlossene Berufsausbildung oder einen vergleichbaren Abschluss verfügen.[56] In einer Unternehmensumfrage des Deutschen Industrie und Handelskammertages (DIHK), gaben fast die Hälfte der Unternehmen (48%) an, mit einem Fachkräftemangel konfrontiert zu sein.[57] Bei der Engpassanalyse der Bundesagentur für Arbeit wurde

---

[52] StBA, Bevölkerung Deutschlands bis 2060, S. 5 f.
[53] Körber-Stiftung, Die Babyboomer gehen in Rente, S. 1.
[54] StBA, Bevölkerung Deutschlands bis 2060, S. 5 f.
[55] BA, Fachkräfteengpassanalyse, S. 3.
[56] Krüger, Herausforderung Fachkräftemangel, S. 12 f.
[57] DIHK, Fachkräfte gesucht wie nie!, S. 3.

hingegen festgestellt, dass ein Fachkräftemangel zwar in einzelnen Berufsgruppen (z.b. Gesundheit und Pflege) vorliegt, von einem generellen Mangel an Fachkräften in Deutschland aber nicht gesprochen werden kann. Von einem Fachkräftemangel zu unterscheiden sind Stellenbesetzungsprobleme, „die etwa daraus resultieren können, dass die Bewerbersuche länger dauert als geplant oder dass die tatsächliche Zahl der Bewerber hinter den Erwartungen zurückbleibt. Schwierigkeiten können Ausdruck eines grundsätzlichen Mangels sein, sie können aber auch „nur" Disparitäten auf dem Arbeitsmarkt widerspiegeln, die z.b. auf (...) unattraktive Arbeitsbedingungen zurückzuführen sind."[58] Ungeachtet der Frage wie gravierend der Fachkräftemangel sich zukünftig entwickeln könnte, kämpfen Unternehmen um die qualifiziertesten Fachkräfte, um erfolgreich und wettbewerbsfähig zu sein. Die demografische Entwicklung und die steigenden Anforderungen an die Arbeitskräfte bestärken diesen Kampf, der auch als „War for Talents" bezeichnet wird.[59] Unternehmen sollten sich demnach frühzeitig überlegen, was sie dem beklagten Mangel an gut ausgebildeten Fachkräften, den Beschaffungsschwierigkeiten von Nachwuchskräften und der zunehmenden Alterung der Belegschaft entgegensetzen können.[60]

### 2.1.2 Megatrend 2: Wertewandel

Den zweiten Megatrend, den Wertewandel, kennzeichnet einen Prozess, bei dem die Werte der Menschen sich im Zeitablauf langfristig verändern. Werte beeinflussen die Wahrnehmung und das Verhalten von Personen oder Gruppen.[61] Dies gilt ebenso für Erwartungen, die Menschen an ihren Arbeitgeber stellen. Sie sind primär durch individuelle sowie kollektive Werte geprägt und wirken sich auf die Motivation und Identifikation mit der Arbeit und dem Unternehmen aus.[62] Ein solcher Wandel der Werte ist

---

[58] BA, Fachkräfteengpassanalyse, S. 3 ff.
[59] Klein u.a., Employer Branding, S. 32.
[60] Kirschten, in: Preißing, Erfolgreiches Personalmanagement im demografischen Wandel, S. 116.
[61] Jung, Personalwirtschaft, S. 838.
[62] Scherm/Süß, Personalmanagement, S. 11 f.

u.a. bei der Generation Y (Geburtsdatum zwischen 1981 und 1993) zu beobachten. Menschen dieser Generation legen z.B. deutlich mehr Wert auf Flexibilität und Zeitsouveränität. Als potenzielle Nachwuchskräfte müssen ihre veränderten Wertevorstellungen zur Arbeit, als ein wichtiges Element der Nachwuchskräftegewinnung bzw. -bindung Berücksichtigung finden, um im „War for Talents" mit anderen Unternehmen nicht das Nachsehen zu haben.[63]

Die beschriebenen Megatrends führen zukünftig dazu, dass gut qualifizierte, motivierte und zum Unternehmen passende Mitarbeiter eine Ressource darstellen, die immer knapper wird. Die „Machtverhältnisse" des Arbeitsmarktes haben sich in einigen Bereichen von einem Arbeitgeber- zu einem Arbeitnehmermarkt transformiert. Die Relevanz des Employer Brandings liegt in seinem Beitrag zur Sicherung erfolgskritischer Mitarbeiter für das Unternehmen. Da wie soeben beschrieben, Schwierigkeiten, die quantitative und qualitative Sicherstellung dieser wichtigen Fachkräfte für viele Unternehmen zu gewährleisten, zunehmen, kann ein wirksames Employer Branding als Gegenmaßnahme mögliche Engpässe abfedern und die Wirksamkeit der Personalgewinnung sowie -bindung steigern.[64] Was genau unter Employer Branding zu verstehen ist, wird im folgenden Kapitel näher erläutert.

## 2.2 Grundlagen des Employer Brandings

Der 1996 erstmals durch Ambler und Barrow auftretende Begriff des Employer Brandings hat seinen Ursprung im Bereich des Marketings. Die Erkenntnisse und Konzepte der Marken bzw. Markenbildung wurden größtenteils auf die Arbeitgebermarke (Employer Brand) und den Prozess der Arbeitgebermarkenbildung (Employer Branding) übertragen.[65] Seitdem entstanden viele verschiedene Definitionen, die unterschiedlich eng bzw. weit gefasst sind. Die vorliegende Arbeit nimmt Bezug auf die

---

[63] Krüger, Herausforderung Fachkräftemangel, S. 3.
[64] Kremmel/Von Walter, in: Von Walter/Kremmel, Employer Brand Management, S. 40.
[65] Klein u.a., Employer Branding, S. 10; Kriegler, Praxishandbuch Employer Branding, S. 23.

vielzitierte Definition der Deutschen Employer Branding Akademie (DEBA) und versteht unter Employer Branding die

> „identitätsbasierte, intern wie extern wirksame Entwicklung eines Unternehmens als glaubwürdiger und attraktiver Arbeitgeber. Kern des Employer Brandings ist immer die Unternehmensmarke spezifizierende oder adaptierende Arbeitgebermarkenstrategie. Entwicklung, Umsetzung und Messen dieser Strategie zielen unmittelbar auf die nachhaltige Optimierung von Mitarbeitergewinnung, Mitarbeiterbindung, Leistungsbereitschaft, Unternehmenskultur sowie die Verbesserung des Unternehmensimages.[66]

Diese Definition und ihr erweitertes Verständnis wurde als Grundlage gewählt, da sie die strategische Fundierung und die Notwendigkeit der Einbeziehung des Employer Brandings in die Unternehmensführung betont. Demnach soll die Arbeitgebermarkenbildung neben der Generierung einer attraktiven Außendarstellung auch die Entwicklung einer inneren, tatsächlich hohen Arbeitgeberqualität vorantreiben, die die Grundlage für Glaubwürdigkeit und Arbeitgeberwettbewerbsfähigkeit bilden. Es hat sich gezeigt, dass Employer Branding häufig nur unzureichend vom Personalmarketing abgegrenzt wird. Während es sich beim Employer Branding um einen Prozess der Identitäts- und Organisationsentwicklung handelt, macht der Marketingprozess dabei nur einen geringen Teil aus. Das am Beschaffungsmarkt ausgerichtete Personalmarketing, wird vorliegend als ein operatives Instrument des Employer Brandings verstanden.[67]

### 2.2.1 Ziele und strategische Bedeutung

Ziel des Employer Brandings ist , eine eigene attraktive und unverwechselbare Arbeitgebermarke zu errichten, die sowohl potenzielle Bewerber als auch aktuelle Mitarbeiter reizt.[68] Dies kann neben dem Vorteil einer leichteren Personalrekrutierung z.B. durch die höhere Anzahl geeigneter Bewerbungen zu einer stärkeren Identifikation und Bindung der

---

[66] DEBA, Mission und Grundsätze.
[67] Kriegler, Praxishandbuch Employer Branding, S. 26.
[68] Kirschten, in: Preißing, Erfolgreiches Personalmanagement im demografischen Wandel, S. 120.

Mitarbeiter an das Unternehmen, sowie zu einer gesteigerten Leistungsbereitschaft führen. Dies wiederum hat den positiven Effekt einer verminderten Fluktuation, was sich in reduzierten Personalbeschaffungs- und Einarbeitungskosten niederschlägt.[69] Beim Aufbau einer Arbeitgebermarke stellt die Employer Branding Strategie das Fundament dar (s. Abbildung 4).

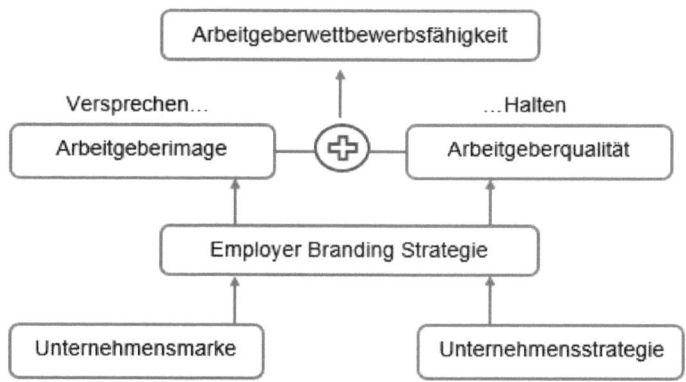

Abb. 4) Strategische Ausrichtung des Employer Brandings[70]

Dabei ist für die strategische Ausrichtung wichtig, dass die Charakteristika der Arbeitgebermarke sowohl in die Unternehmensmarke als auch in die Unternehmensstrategie integriert und inhaltlich abgestimmt werden. Zudem wird ein unverwechselbares Arbeitgeberimage kreiert, welches die Vorstellung wiederspiegelt, die Mitarbeiter und mögliche Bewerber von einem Unternehmen haben. Diese Vorstellung muss auch in der realen Arbeitgeberqualität Bestand haben oder im Zuge des Employer Branding Prozesses mitgestaltet werden. Nur mithilfe einer abgestimmten Unternehmensstrategie ist es möglich, den geschürten Erwartungen der

---

[69] Hellert/Peters/Goesmann, in: Gerlmaier, Praxishandbuch lebensphasenorientiertes Personalmanagement, S. 100; Kirschten, in: Preißing, Erfolgreiches Personalmanagement im demografischen Wandel, S. 120 ff.
[70] Quelle: Eigene Darstellung in Anlehnung an Kirschten, in: Preißing, Erfolgreiches Personalmanagement im demografischen Wandel, S. 124.

Zielgruppen im Unternehmen gerecht zu werden und das Ziel, einer gesteigerten Arbeitgeberwettbewerbsfähigkeit zu erfüllen.[71]

### 2.2.2 Entwicklungsprozess

Ein Prozess detaillierter Planung, Analyse, Umsetzung und Erfolgsmessung ist für die erfolgreiche Entwicklung und Positionierung einer Arbeitgebermarke notwendig (s. Abbildung 5).

Abb. 5) Prozessphasen des Employer Brandings[72]

In der **Planungsphase** sollen konkrete und messbare Ziele des Employer Brandings festgelegt werden, die es mit den Unternehmenszielen und Strategien abzustimmen gilt. Dies bildet die Grundlage für den Prozess der Umsetzung und Erfolgsmessung. Die Entwicklung einer ganzheitlichen Strategie zur Gestaltung und Umsetzung des Employer Brandings konkretisiert Inhalte, Maßnahmen und Verantwortlichkeiten in den unterschiedlichen Phasen des Prozesses. Die anschließende **Phase der Analyse** setzt sich zusammen aus der Ermittlung des Personalbedarfs, der Zielgruppenbestimmung und der Analyse der Arbeitgeberattraktivität. Die Ermittlung des Personalbedarfs muss sowohl in quantitativer Hinsicht (Anzahl) als

---

[71] Kirschten, in: Preißing, Erfolgreiches Personalmanagement im demografischen Wandel, S. 124.
[72] Quelle: Eigene Darstellung in Anlehnung an Kirschten, in: Preißing, Erfolgreiches Personalmanagement im demografischen Wandel, S. 129.

auch in qualitativer Hinsicht (Qualifikation) erfolgen.[73] Anschließend werden die Zielgruppen bestimmt, die der Arbeitgeber mit seiner Employer Brand erreichen möchte. Bei der Analyse der Arbeitgeberattraktivität des Unternehmens sind die Wettbewerbsposition gegenüber Konkurrenten und die von relevanten Zielgruppen wahrgenommene Arbeitgeberattraktivität zu ermitteln. Externe Zielgruppenbefragungen können Aufschluss darüber geben, welche Faktoren Einfluss auf das Arbeitgeberwahlverhalten der potenziellen Zielgruppen nehmen. Diese identifizierten Faktoren werden zur Erstellung eines Profils des idealen Arbeitgebers genutzt (*Idealprofil*). Im nächsten Schritt erfolgt ein interner Abgleich der aktuell charakteristischen Arbeitgebermerkmale (*Identitätsprofil*) und es wird untersucht wie das Unternehmen durch die Zielgruppe, auch im Vergleich zu Wettbewerbern, wahrgenommen wird (*Wahrnehmungsprofil*). Daraus können Stärken, Schwächen und Verbesserungspotenziale abgeleitet werden.[74] Unter Berücksichtigung aktueller sowie zu entwickelnder Stärken und der Zielgruppenattraktivitätsfaktoren kann sich das Unternehmen durch die Entwicklung einer Employer Value Proposition, seinem Alleinstellungsmerkmal, von den Konkurrenten abheben. Die Botschaft „das macht mich als Arbeitgeber so besonders" kann z.B. attraktive Work Life Balance Angebote beinhalten. In der **Phase der Umsetzung** werden Maßnahmen zum Aufbau der Employer Brand anhand der aufgestellten Employer Branding Strategie realisiert. In der anschließenden Gestaltung des Leistungsangebots werden auf die Zielgruppen zugeschnittene attraktive Angebote umgesetzt.[75] Nun müssen das Leistungsspektrum und seine Botschaften erfolgreich intern und extern kommuniziert werden. Dies kann exemplarisch durch unpersönliche Massenkommunikation mit Hilfe des Internetauftritts, durch die Mitarbeiterzeitung des Unternehmens oder durch persönliche Kommunikation im direkten Kontakt mit der Zielgruppe erfolgen.[76] In der letzten **Phase der Erfolgsmessung** wird die

---

[73] Kirschten, in: Preißing, Erfolgreiches Personalmanagement im demografischen Wandel, S. 129.
[74] Kirschten, in: Preißing, Erfolgreiches Personalmanagement im demografischen Wandel, S. 138.
[75] Ebenda.
[76] Ebenda, S. 141 f.

Steigerung der Arbeitgeberattraktivität, etwa anhand der Anzahl von Initiativbewerbungen oder der Kündigungsrate innerhalb der ersten drei Monate gemessen. Dies bildet wiederum die Grundlage zur Überprüfung der gesteckten Zielsetzungen, Strategien und Maßnahmen und damit startet der Prozess erneut.

### 2.3 Topsharing als Instrument des Employer Brandings

Damit Unternehmen den zukünftigen Herausforderungen erfolgsversprechende Konzepte entgegensetzen können, müssen die verschiedenen Interessen und Wünsche ihrer Zielgruppen bei der Konzeption eines attraktiven Arbeitgeberleistungsspektrums stärker berücksichtigt werden.[77] In diesem Kapitel wird das Modell des Topsharings mit dem Employer Branding verknüpft. Es wird untersucht, inwiefern die zielgruppenspezifische Einführung des Jobsharing Modells für Führungskräfte eine Antwort auf die Herausforderungen der Unternehmen sein und im Sinne der Arbeitgebermarkenbildung einen Beitrag zur Steigerung der Arbeitgeberqualität, zur Arbeitgeberwettbewerbsfähigkeit und damit auch zur Gewinnung bzw. Bindung von Führungskräften leisten kann.

#### 2.3.1 Zielgruppenerweiterung

Zusammengefasst ergibt sich für viele Unternehmen aus den bereits beschriebenen Megatrends die Konsequenz, dass der härter werdende Wettbewerb um qualifizierte Führungskräfte von ihnen eine Neuausrichtung ihrer Employer Brand erfordert (s. Abbildung 6).

Dies muss für jedes Unternehmen individuell geschehen, jedoch wird im Folgenden eine grundsätzliche Strategie einer Neuausrichtung vorgestellt. Damit die Employer Brand im Zuge des Arbeitgebermarkenprozesses zielgruppenspezifisch ausgerichtet werden kann, ist es notwendig, die unternehmensrelevanten Zielgruppen unter Einbeziehung der oben genannten veränderten Rahmenbedingungen auszuwählen. Ein möglicher Lösungsansatz liegt in der **Erweiterung** der bisherigen Zielgruppe - häufig die

---

[77] Hellert/Peters/Goesmann, in: Gerlmaier, Praxishandbuch lebensphasenorientiertes Personalmanagement, S. 98 ff.

vielgefragten Führungsnachwuchskräfte - um bislang ungenutztes oder zu wenig genutztes Arbeitsmarktpotenzial.[78] Die Erschließung stiller Reserven ließe sich unter anderem durch die Erhöhung der Frauenerwerbsquote in der Führungsriege und dem längerfristigen Erhalt älterer Führungskräfte im Unternehmen realisieren.[79]

Abb. 6) Herausforderungen der Megatrends für die Unternehmen[80]

### 2.3.2 Potenzial Frauenerwerbstätigkeit:

Gut die Hälfte aller Hochschulabsolventen in Deutschland ist weiblich.[81] Trotzdem liegt ihre Erwerbsbeteiligung lediglich bei 71,4%, wovon 55% einer Vollzeittätigkeit nachgehen. Als Hauptgrund dafür geben Frauen die Betreuung von Kindern oder die Pflege von Angehörigen an.[82] Das zu erschließende Potenzial liegt demnach in der Erwerbstätigkeitssteigerung dieser Frauen, die auf Grund familiärer Verpflichtungen ihre Arbeitstätigkeit längerfristig unterbrechen. In den letzten Jahren hat sich gezeigt, dass Männer wachsendes Interesse bekunden, neben dem Beruf auch in der Familie Verantwortung zu übernehmen, was sich z.B. in der steigenden

---

[78] Vgl. Zölch/Mücke, Personalmanagement demografiegerecht gestalten, S. 96 ff.
[79] Abrell, Führen in Teilzeit, S. 14.
[80] Quelle: Eigene Darstellung.
[81] Zölch/Mücke, Personalmanagement demografiegerecht gestalten, S. 101.
[82] BA, Perspektive 2025, S. 31 ff.

Inanspruchnahme der Elternzeit zeigt.[83] In Anbetracht dessen wird für die vorliegende Arbeit die Zielgruppenbezeichnung auf „Führungskräfte mit familiären Verpflichtungen" erweitert.

### 2.3.3 Potenzial Erwerbstätigkeit älterer Führungskräfte:

Das zu erschließende Potenzial dieser Personengruppe liegt in der Steigerung der Erwerbstätigkeit, die aktuell bei den 55 bis 64- jährigen lediglich bei 56% liegt[84] und das, obwohl ältere Arbeitnehmer nicht nur immer länger arbeiten könnten, sondern dies auch häufig wollen. Darüber hinaus sind sie motiviert, wollen sich weiterentwickeln und bringen einen großen Wissens- und Erfahrungsschatz mit,[85] welcher durch die gezielte Weitergabe an Nachwuchskräfte gesichert werden könnte.[86] Diese positiven Effekte erzielen Unternehmen durch die gezielte Rekrutierung bzw. Bindung älterer Führungskräfte ggf. auch über die Regelaltersgrenze hinaus.[87]

### 2.3.4 Zielgruppenpräferenzen

Sind die zukünftigen Zielgruppen identifiziert, werden ihre Präferenzen bei der Arbeitgeberwahl ermittelt. Unter Berücksichtigung der Ist-Situation des Unternehmens werden Verbesserungsmöglichkeiten aufgezeigt, deren Umsetzung es dem Unternehmen ermöglicht, sich zielgruppenrelevant und authentisch vom Wettbewerbsumfeld abzuheben.[88] Nachfolgend werden die Zielgruppen der **Führungsnachwuchskräfte**, **Führungskräfte mit familiären Verpflichtungen** und **ältere Führungskräfte** auf ihre Präferenzen bei der Arbeitgeberwahl untersucht und auf ausgewählte Attraktivitätsfaktoren eingegangen. Die folgenden Erkenntnisse sind nicht explizit für Führungskräfte erhoben worden, es sind

---

[83] Abrell, Führen in Teilzeit, S. 21.
[84] BA, Perspektive 2025, S. 27 ff.
[85] Baumann, in: Hasebrook/Zinn/Schletz, Lebensphasen und Kompetenzmanagement, S. 44.
[86] Kirschten, in: Preißing, Erfolgreiches Personalmanagement im demografischen Wandel, S. 280.
[87] Zölch/Mücke, Personalmanagement demografiegerecht gestalten, S. 103, 159.
[88] Ebenda, S. 132 ff.

jedoch keine Gründe ersichtlich, weswegen sie nicht auf diese übertragen werden könnten.

Die Zielgruppe der **Führungsnachwuchskräfte** wird derzeit vor allem durch die Mitglieder der sogenannten Generation Y geprägt. Kennzeichnend für den Generationenbegriff ist, dass ihre Mitglieder im gleichen Zeitraum geboren wurden (in diesem Fall 1981-1993) und in einem ähnlichen sozialen und historischen Kontext aufgewachsen sind. Diese Kategorisierung dient der Komplexitätsreduktion bei der Erklärung von Verhaltensweisen oder Anforderungen von Individuen, kann dabei individuellen Besonderheiten aber nicht gerecht werden.[89] Im Zuge der Enactus-Studie wurden 1000 Mitglieder der Generation Y nach ihren Präferenzen bei der Arbeitgeberwahl befragt. Neben Arbeitsklima und Entwicklungsmöglichkeiten hatte die Balance zwischen Beruf und Privatleben mit 93% einen starken Einfluss auf ihr Wahlverhalten.[90] Dies lässt sich auf ihren ausgeprägten Freizeitanspruch (z.B. für Freunde und Hobbys) zurückführen, um auch nicht arbeitsbezogene Bedürfnisse verwirklichen zu können. Dafür fordern die Mitglieder der Generation Y flexible Rahmenbedingungen, insbesondere flexible Arbeitszeiten und Arbeitsorte, ein.[91]

Unternehmen können bei **Führungskräften mit familiären Verpflichtungen** vor allem mit Initiativen zur besseren Vereinbarkeit von Familie und Beruf punkten. Knapp 80% der Frauen und 67% der Männer schätzen Familienfreundlichkeit bei der Arbeitgeberwahl als wichtig ein[92] und 77% der Eltern zwischen 25 und 39 Jahren würden dafür sogar ihren Arbeitgeber wechseln. Die große Relevanz spiegelt sich auch in der Tatsache wider, dass sich bereits jeder zehnte Beschäftigte zwischen 25 und 49 Jahren um einen betreuungsbedürftigen Angehörigen kümmert.[93] Sowohl bei der Kinderbetreuung als auch der Pflege Angehöriger kann eine

---

[89] Lonski/Fritz, in: Von Au, Anreizsysteme für Leadership Organisationen, S. 57 ff.
[90] Vgl. Enactus e.V./HHL, Enactus-Studie 2014, S. 6.
[91] Vgl. Schulenburg, Führung einer neuen Generation, S. 16, 76.
[92] Vgl. BMFSFJ, Familienfreundlichkeit als Erfolgsfaktor für die Rekrutierung und Bindung von Fachkräften, S. 7.
[93] BMFSFJ, Familienfreundlichkeit - Erfolgsfaktor für Arbeitgeberattraktivität, S. 4.

Unterstützung durch den Arbeitgeber z.b. durch die Einführung flexibler Arbeitszeitmodelle sowie Telearbeit Schlüsselelemente sein, die weitere Erwerbstätigkeit dieser Führungskräfte zu ermöglichen und gelten als äußerst attraktiv.[94]

Die Hauptgründe der niedrigen Erwerbstätigkeitsquote **älterer Führungskräfte** liegen vorrangig in dem Wunsch mehr Zeit für private Interessen zu haben und aus gesundheitlichen Gründen kürzertreten zu wollen. Als entscheidend für den Verbleib im Arbeitsmarkt gilt demnach der Gewinn an Freizeit und Selbstbestimmung z.b. für die Betreuung der Enkelkinder. Die älteren Arbeitnehmer werden insbesondere durch kürzere oder zeitlich flexiblere Arbeitszeiten der Unternehmen angesprochen, um die unterschiedlichen Lebensinteressen besser vereinen zu können.[95]

Unter Berücksichtigung dieser Präferenzen können Maßnahmen durch das Unternehmen gestaltet und später kommuniziert werden, die den Bedürfnissen der Zielgruppen entsprechen und von ihnen als nützlich bzw. attraktiv empfunden werden. Unter vielfältigen Alternativen z.B. Verbesserung der Vergütung, Entwicklungsmaßnahmen oder Vereinbarkeit von Privatleben und Beruf müssen Unternehmen entscheiden, mit Hilfe welcher Maßnahmen sie die Identität der entwickelten Employer Brand transportieren wollen.[96]

Bei näherem Betrachten der drei gewählten Zielgruppen und ihrer Arbeitgeberpräferenzen (s. Abbildung 7) stellt sich der Wunsch nach Work Life Balance, einem ausgewogenen Verhältnis von Arbeit und Privatleben[97], als gemeinsame Schnittmenge heraus, wenn auch aus unterschiedlichen Gründen.

---

[94] Vgl. BA, Perspektive 2025, S. 35.
[95] Vgl. Zölch/Mücke, Personalmanagement demografiegerecht gestalten, S. 158 f.
[96] Klein u.a., Employer Branding, S. 158 f.
[97] Parment, Die Generation Y, S. 83.

Abb. 7) Schnittmenge Work Life Balance[98]

Neben vielen weiteren Möglichkeiten ist die Einführung flexibler Arbeitszeitmodelle, mit denen der Umfang sowie die Verteilung der Arbeitszeit an die Wünsche der Arbeitnehmer angepasst werden kann, ein wichtiger Hebel, um die Vereinbarkeit von Beruf und Privatleben zu verbessern.[99] Als ein solches Modell kann das Topsharing die gewünschte Arbeitszeitflexibilität realisieren und dabei noch individuell auf einzelne Zielgruppen zugeschnitten werden.

### 2.3.5 Entwicklung zielgruppenspezifischer Varianten

Topsharing kann als Instrument des Employer Brandings dafür genutzt werden Modellvarianten zu entwickeln, die die Belastung der Führungskräfte senken und individuellen Besonderheiten gerecht werden.[100] Im Folgenden werden drei Varianten des Topsharings zur Gewinnung und Bindung der drei benannten Zielgruppen vorgestellt. Diese Modellvarianten sollen lediglich als prototypische Entwürfe dienen und müssen noch durch unternehmensspezifische Besonderheiten und individuelle Mitarbeiterbedürfnisse angepasst werden.[101]

---

[98] Quelle: Eigene Darstellung.
[99] Rump/Eilers, in: Rump/Eilers, Demografieorientiertes Personalmanagement, S. 35; BAuA, Flexible Arbeitszeitmodelle, S. 13.
[100] Vgl. Karlshaus, in: Doyé, CSR und Human Resource Management, S. 70.
[101] Vgl. Wörwag/Cloots, Flexible Arbeitsmodelle für die Generation 50+, S. 145 ff.

## 2.3.6 Variante 1 Balance:

Die Topsharing Variante **Balance** verfolgt das Ziel, Führungsnachwuchskräften mehr Zeit für Freizeit, Hobbys und anderen Aktivitäten zu ermöglichen. Die Generation Y wünscht sich flexible Arbeitszeiten und -orte aber unter der Voraussetzung, dass das Topsharing zu keinen Karriereeinschränkungen führt. Dafür sollte die Tätigkeit **vollzeitnah** gestaltet werden (ca. 70- 75%), damit der Freizeitgrad zwar spürbar steigt, die junge Führungskraft aber trotzdem anspruchsvollen Aufgaben nachgehen und sich bei Vorgesetzten und Mitarbeitern profilieren kann, da der Präsenzgedanke in vielen Unternehmen noch tief verwurzelt ist.[102] Empfehlenswert ist es außerdem, **Telearbeit** an wechselnden Orten sowie Teleheimarbeit bei Bedarf zu ermöglichen, wobei der Anteil nicht über 30% der Arbeitszeit liegen sollte, damit der Mitarbeiter sich nicht zu sehr von seinen Bezugspersonen am Arbeitsplatz entfremdet.[103]

## 2.3.7 Variante 2 Familie:

Die Variante **Familie** soll Arbeitnehmern die Möglichkeit geben, familiäre Verpflichtungen besser mit ihrer Führungstätigkeit zu kombinieren und im Zuge der Elternzeit nicht komplett aus dem Unternehmen ausscheiden zu müssen. Um die Personengruppe animieren zu können, die Erwerbsunterbrechung so kurz wie möglich zu halten, empfiehlt es sich eine Arbeitszeitverkürzung auf **15** bzw. **25 bis 30 Stunden** bei Kinderbetreuung und auf mindestens **15 Stunden** bei Pflegezeit anzubieten. Diese Empfehlung stützt sich auf rechtliche Aspekte auf die unter dem Punkt „Besonderheiten der Topsharingvarianten" im nächsten Kapitel näher eingegangen wird. Durch die fortgeführte Teilzeittätigkeit profitieren sowohl die Führungskräfte, die dadurch den Anschluss an ihre Karriere nicht verlieren, als auch die Arbeitgeber, die auf das Knowhow ihrer Potenzialträger nicht komplett verzichten müssen. Die **tägliche Arbeitszeitverkürzung** z.B. Vormittags- bzw. Nachmittagsarbeit kann den Bedürfnissen von Führungskräften mit familiären Verpflichtungen ggf. besser entsprechen, als die Arbeitszeit um ganze Tage zu verkürzen, da in

---

[102] Vgl. Schulenburg, Führen einer neuen Generation, S. 80 f.
[103] Ebenda, S. 83 f.

Absprache mit dem Partner, anderen Familienmitgliedern bzw. ambulanter Pflegekräfte die Betreuung während der eigenen Abwesenheit stundenweise sichergestellt werden kann. Um auch in unvorhersehbaren Situationen z.b. Krankheit des Kindes arbeitsfähig zu bleiben, ist die Möglichkeit der **Heimtelearbeit** als sinnvoll einzuschätzen.[104]

### 2.3.8 Variante 3 Entlastung:

Die Topsharing Variante **Entlastung** soll den Wünschen älterer Führungskräfte nachkommen, bei ihrer Arbeitstätigkeit „kürzerzutreten" und die gewonnene Freizeit für längere Erholungsphasen oder die Wahrnehmung neuer Aufgaben, beispielsweise die Betreuung der Enkelkinder, zu nutzen. Diese Variante ermöglicht ein schrittweises Hinausgleiten aus dem Erwerbsleben mit dem Vorteil, dass die Führungskraft sich nach und nach an den Übergang zwischen Erwerbstätigkeit und Ruhestand gewöhnen kann, ohne die Führungsaufgaben schon vollends aufgeben zu müssen.[105] Dies kann auf Grundlage einer **Altersteilzeit** geschehen, die so gestaltet werden sollte, dass über den Zeitraum der Altersteilzeit der Beschäftigungsgrad schrittweise, insgesamt um **50%**, reduziert wird. Durch die arbeitgeberseitige **finanzielle Bezuschussung** soll die Personengruppe animiert werden, nicht vorzeitig aus dem Unternehmen ausscheiden zu wollen. Nähere rechtliche Ausführungen zur Altersteilzeit erfolgen im nächsten Kapitel unter dem Unterpunkt „Besonderheiten der Topsharingvarianten". Diese Variante hat zudem den Mehrwert für Unternehmen, das der **Nachfolger** als Topsharingpartner direkt eingearbeitet werden und damit das Knowhow der erfahrenen Führungskraft im Unternehmen gesichert werden kann. Besonders in der ersten Zeit der Zusammenarbeit bzw. des Wissenstransfers ist es daher wichtig, dem Team dafür **zeitliche Überschneidungen** zu ermöglichen. Nach und nach können

---

[104] Vgl. IW, Vereinbarkeit von Familie und Beruf, S. 7 ff.
[105] Vgl. Rump/Eilers, in: Rump/Eilers, Demografieorientiertes Personalmanagement, S. 30 f.; Hielscher/Matthäi, in: BAuA/Richter/Niehaus, Personalarbeit im demografischen Wandel, S. 164 f.; Frank/Gottwald/Loebe, Mitarbeiterpotenziale länger nutzen, S. 21 ff.

dann einzelne Verantwortungsbereiche an die Nachfolgeführungskraft abgeben werden.[106]

Zum Zusammenführen von Paarkonstellationen können die vorgestellten Varianten flexibel miteinander kombiniert werden. Zudem ist es sinnvoll Topsharing allen Führungskräften zu ermöglichen - auch denen, die ggf. momentan nicht im Zielgruppenfokus stehen aber z.b. einer Weiterbildung oder einem Nebengewerbe nachgehen möchten - um eine ausreichende Anzahl von Topsharing-Partnern gewährleisten zu können. Denn die Herausforderung für die Unternehmen wird darin liegen, geeignete Paare für die geteilte Führungsposition zu finden. Dafür ist es wichtig, die geschaffenen Mehrwerte intern sowie extern erfolgreich zu kommunizieren.[107] Sowohl die Ausschreibung von Stellenanzeigen als „topsharingfähig", als auch die Thematisierung im Zuge von Mitarbeitergesprächen, bieten sich dafür an. Zudem entstehen nach und nach Plattformen wie tandemploy.com, die sich auf das „Matching" von Jobsharingpartnern spezialisiert haben, die in beruflicher Hinsicht zueinander passen.[108]

## 2.4 Zwischenfazit

Zukünftig werden die traditionellen Wege der Führungskräftegewinnung insbesondere im Hinblick auf die Herausforderungen des demografischen Wandels, dem „war for talents" und dem Wertewandel nicht mehr genügen um ausreichend gut qualifizierte Mitarbeiter zu gewinnen bzw. zu binden. Mit Hilfe eines zielgruppenspezifischen Employer Brandings, können sich Unternehmen als attraktiver Arbeitgeber, unter Abgrenzung von Wettbewerbern, positionieren. Dabei reicht es nicht aus lediglich ein attraktives Arbeitgeberimage aufzubauen. Die beworbenen Versprechen müssen im Unternehmen auch wirklich so gelebt werden, denn nur glaubhafte Arbeitgeber können gut qualifizierte Führungskräfte gewinnen und auf Dauer an das Unternehmen binden. Dabei sollten auch Personen in

---

[106] Vgl. Kirschten, in: Preißing, Erfolgreiches Personalmanagement im demografischen Wandel, S. 280; BAuA, Flexible Arbeitszeitmodelle, S. 30 f.; Krone-Germann, Jobsharing, S. 8; Rump/Eilers, in: Rump/Eilers, Demografieorientiertes Personalmanagement, S. 31

[107] Vgl. Kirschten, in: Preißing, Erfolgreiches Personalmanagement im demografischen Wandel, S. 139.

[108] Vgl. Abrell, Führen in Teilzeit, S. 92.

den Fokus der Zielgruppen rücken, deren Potential bisher ungenutzt blieb bzw. zu wenig genutzt wurden. Topsharing bietet dafür als Instrument des Employer Brandings vielseitige Einsatzmöglichkeiten, um unternehmensspezifisch sowie individuell auf die Bedürfnisse dieser Zielgruppen einzugehen und einen Beitrag zur Sicherstellung des zukünftigen Führungskräftebedarfs zu leisten. Das lässt die Relevanz des Topsharings für die Zukunft wachsen.

## 3 Arbeitsrechtliche Rahmenbedingungen des Topsharings

In diesem Kapitel werden die Rahmenbedingungen des Topsharings und seiner Modellvarianten dargelegt und untersucht, ob die arbeitsrechtliche Umsetzbarkeit in der Hinsicht gegeben ist, dass sie keine Hürde bei der Einführung des Modells in Unternehmen darstellt.

Immer dann, wenn im weiteren Verlauf der Untersuchung vom Jobsharing die Rede ist, beziehen sich die Ausführungen sowohl auf das Jobsharing als auch das Topsharing. Soweit rechtliche Besonderheiten auftreten, die nur für das Topsharing relevant sind, weil sie die besondere Personengruppe der Führungskräfte respektive deren überlappende Arbeitsleistungen bzw. die gemeinsame Verantwortung betreffen, wird darauf hingewiesen, indem in diesen Fällen explizit von Topsharing gesprochen wird.

### 3.1 Allgemeine rechtliche Grundlagen

Zunächst wird allgemein auf das Recht auf Teilzeitarbeit eingegangen, um im Anschluss die Inhalte der spezielleren gesetzlichen Regelung des § 13 TzBfG im Hinblick auf die Arbeitsplatzteilung, das Jobsharing, zu vertiefen.

#### 3.1.1 Recht auf Teilzeitarbeit

Bei einem Jobsharing- Arbeitsverhältnis sind mehrere teilzeitbeschäftigte Arbeitnehmer im Sinne des TzBfG beteiligt, die gemeinsam einen Arbeitsplatz besetzten.[109] Jobsharing ist als ein Unterfall der Teilzeitbeschäftigung einzuordnen.[110] Denn Teilzeitbeschäftigt sind gem. § 2 I S. 1 TzBfG diejenigen Arbeitnehmer, deren regelmäßige Wochenarbeitszeit kürzer ist, als die eines vergleichbaren vollzeitbeschäftigten Arbeitnehmers. Dies ist bei Jobsharern durch die Reduzierung ihrer Arbeitszeit zweifelsfrei der Fall. Unter den Begriff des Arbeitnehmers und den Geltungsbereich des TzBfG werden auch leitende Angestellte gem. § 5 III BetrVG gefasst. Auch wenn diesen in einigen Gesetzen eine besondere Stellung zugesprochen

---

[109] Müller-Glöge, in: MüKo, TzBfG, § 13 Rn. 2.
[110] Linde, in: Preis, IAf, S. 889.

wird, handelt es sich doch um Arbeitnehmer im allgemeinen Sinne, wenn auch in Leitungspositionen.[111] Es schränkt die Anwendbarkeit des TzBfG vorliegend nicht ein, falls es sich bei den Topsharing-Führungskräften um einen bzw. mehrere leitende Angestellte handelt. Das Gesetz bestätigt dies explizit, indem § 6 TzBfG fordert, dass Arbeitgeber auch Arbeitnehmern in leitenden Positionen Teilzeitarbeit nach Maßgabe des Gesetzes zu ermöglichen haben. Ein Recht auf Teilzeitarbeit hat nach § 8 I, VII TzBfG in einem Betrieb mit mehr als 15 Beschäftigten jeder Arbeitnehmer, dessen Arbeitsverhältnis länger als sechs Monate bestanden hat. Durch ein Urteil des Arbeitsgerichtes Berlin wurde die Pflicht des Arbeitgebers „alle zumutbaren organisatorischen Maßnahmen zu ergreifen, damit auch Arbeitnehmer in leitenden Positionen von ihrem Recht auf Teilzeitarbeit Gebrauch machen können"[112], konkretisiert. Zudem soll § 6 TzBfG so ausgelegt werden, dass bei der Prüfung im Sinne des § 8 IV S. 1, 2 TzBfG, ob betriebliche Gründe dem Verlangen des Arbeitnehmers entgegenstehen, eine leitende Position keinen Grund für die Ablehnung des Antrages darstellen[113] und dies selbst dann nicht, „wenn die Aufteilung einer leitenden Position in mehrere Teilzeitstellen mit Problemen verbunden sein kann"[114]. Gemäß § 8 IV TzBfG handelt es sich nur dann um einen entgegenstehenden betrieblichen Grund, wenn die Verringerung der Arbeitszeit das Unternehmen, den Arbeitsablauf oder die Sicherheit im Betrieb wesentlich beeinträchtigt bzw. unverhältnismäßig hohe Kosten verursacht. Dies gilt auch für die seit dem 01.01.2019 gem. § 9a TzBfG geltende sogenannte Brückenteilzeit, in deren Zuge Arbeitnehmer einen Anspruch auf befristete Teilzeit mit einem Rückkehrrecht in die vorherige Arbeitszeit, erhalten. Bei Teilzeit während der Elternzeit gem. § 15 VII Nr. 4 BEEG sowie bei der Familienpflegezeit gem. § 2a II S. 2 FPfZG müssen Arbeitgeber die gleichen Grundsätze beachten, jedoch können betriebliche Gründe nur dann entgegenstehen, wenn sie dringend sind.

---

[111] Joussen, in: HK-TzBfG, § 2 Rn. 5 ff.
[112] Preedy, in: Karlshaus/Kaehler, Teilzeitführung, S. 61.
[113] Boecken, in: HK-TzBfG, § 6 Rn. 3.
[114] Preedy, in: Karlshaus/Kaehler, Teilzeitführung, S. 61.

Folglich kommen Unternehmen nicht umher, sich näher mit Teilzeitmöglichkeiten für Führungskräfte auseinanderzusetzen, um zukünftig auf auftretende Anträge vorbereitet zu sein. Dies kann mit einem Mehraufwand für das Unternehmen verbunden sein, was, wie soeben dargestellt, arbeitsrechtlich keinen legitimen Grund darstellt, Teilzeit für Führungskräfte abzulehnen. Das Topsharing könnte als Unterform der Teilzeitarbeit eine sinnvolle Möglichkeit sein, den bestehenden Anspruch auch im Interesse des Arbeitsgebers zu gestalten, indem gewährleistet wird, dass die Führungsposition trotz Verringerung der Arbeitszeit ständig besetzt ist. Im Folgenden wird näher auf die spezifischen rechtlichen Regelungen der Arbeitsplatzteilung eingegangen.

### 3.1.2 Möglichkeit der Arbeitsplatzteilung

Durch die explizite gesetzliche Aufnahme der Arbeitsplatzteilung hat der Gesetzgeber das Jobsharing in § 13 TzBfG als legitimes Arbeitsmodell bestätigt, aber ebenso seine rechtlichen Grenzen abgesteckt.[115] Die Regelung knüpft an § 5 BeschFG an, dessen Inhalte größtenteils übernommen wurden. Da die Ausführungen des § 13 im Gegensatz zu anderen Vorschriften des TzBfG nicht auf den europäischen Sozialpartnervereinbarungen zur Teilzeitarbeit und befristeten Arbeitsverhältnissen beruhen, ist die Auslegung Aufgabe deutscher Gerichte und nicht die des EuGH.[116] Die praktische Bedeutung der Arbeitsplatzteilung ist jedoch hinter den Erwartungen zurückgeblieben, was unter anderem dadurch sichtbar wird, dass keine relevante Rechtsprechung in den letzten Jahren veröffentlicht wurde, die sich mit einem gelebten Beispiel des Jobsharings beschäftigt hat.[117] Das Interesse an dieser Arbeitsform scheint aktuell aber deshalb wieder zuzunehmen, weil es Teilzeit in Führungspositionen ermöglichen kann.[118] Nach der gesetzlichen Definition des § 13 I S. 1 TzBfG handelt es sich immer dann um eine Arbeitsplatzteilung, wenn Arbeitgeber und Arbeitnehmer vereinbaren, dass mehrere Arbeitnehmer sich die Arbeitszeit an einem

---

[115] Preis, in: ErfK, TzBfG, § 13 Rn. 4.
[116] Holwe u.a., Teilzeit- und Befristungsgesetz, S. 184.
[117] Schüren, in: MHdB ArbR, § 144 Rn. 4.
[118] Holwe u.a., Teilzeit- und Befristungsgesetz, S. 184.

Arbeitsplatz teilen. Der dafür benötigte Arbeitsvertrag wird zwischen den einzelnen Arbeitsplatzpartnern und dem Arbeitgeber geschlossen. Zwischen den Jobsharern bestehen keine vertraglichen Beziehungen. Ebenso entsteht kein Gesamtschuldverhältnis nach § 421 BGB. Die Partner verpflichten sich grundsätzlich lediglich dazu, ihre eigene Teilleistung in der geschuldeten Arbeitszeit zu erbringen.[119]

Im Folgenden werden ausgehend vom vorgestellten Modell von Julia Kuark weitere Aspekte hinzugefügt und die rechtlichen Besonderheiten des Topsharings aufgezeigt (s. Abbildung 8).

Abb. 8) Rechtliche Besonderheiten des Topsharings[120]

### 3.1.2.1 Arbeitszeit

In den Arbeitsverträgen der Partner ist lediglich der Umfang der individuell geschuldeten Arbeitszeit in einem bestimmten Bezugszeitraum (z.B. pro Tag, Woche, Monat, Jahr) aufzunehmen, nicht aber die Lage. Möchte der Arbeitgeber längere Abwesenheiten der Jobsharer vermeiden, sollte er

---

[119] Müller-Glöge, in: MüKo, TzBfG, § 13 Rn. 4.; Preis, in: ErfK, TzBfG, § 13 Rn. 2.
[120] Quelle: Eigene Darstellung.

mit Hilfe des Arbeitsvertrages lediglich eine wöchentliche Arbeitsplatzteilung zulassen.[121] Denn kennzeichnend für ein Jobsharing-Arbeitsverhältnis ist, dass die Jobsharer den Arbeitsplatz im Rahmen der arbeitsvertraglichen Vorgaben alternierend besetzen und im Gegensatz zu normalen Teilzeitarbeitnehmern die Arbeitszeitaufteilung in eigener Verantwortung vornehmen. Dies ergibt sich nicht direkt aus dem Gesetzeswortlaut, sondern aus der Entstehungsgeschichte des § 13 TzBfG bzw. § 5 BeschFG.[122] Es empfiehlt sich, im Arbeitsvertrag eindeutig zu bestimmen, dass es sich um eine Arbeitsplatzteilung handeln soll.[123] Die Festlegung der Arbeitszeit erfolgt - auch ohne spezielle Regelung im Arbeitsvertrag - durch einen Arbeitszeitplan, den die Partner gemeinsam erstellen und dem Arbeitgeber rechtzeitig zur Verfügung stellen. Ihnen kommt insofern eine gewisse Zeitsouveränität zu.[124] Der Arbeitgeber hingegen wird in seinem Direktionsrecht gem. § 106 GewO bzgl. der Arbeitszeit eingeschränkt.[125] Die Erstellung des Arbeitszeitplans soll nach billigem Ermessen und unter Beachtung der Anforderungen des Arbeitsplatzes erfolgen. Der Arbeitgeber ist aber berechtigt, diesbezüglich verbindliche Vorgaben zu machen, sodass z.B. feste „Überschneidungszeiten" der Jobsharer vorgegeben werden können. Nachdem der Arbeitgeber über den Arbeitszeitplan informiert wurde, sind Änderungen nur noch einvernehmlich mit diesem möglich. Er kann einer Abweichung auch konkludent zustimmen, indem er der mitgeteilten Planänderung nicht widerspricht.[126] Es empfiehlt sich, die Einzelheiten zum Arbeitszeitplan, z.B. dessen Abgabetermin, in den jeweiligen Arbeitsverträgen festzuhalten.[127]

Bei der Frage wie in Fällen vorzugehen ist, in denen sich die Teammitglieder über die Arbeitszeitverteilung nicht einigen können, müssen zwei Konstellationen unterschieden werden. Für den Fall, dass der Jobsharing-

---

[121] Müller-Glöge, in: MüKo, TzBfG, § 13 Rn. 4; Linde, in: Preis, IAf, S. 897 f.
[122] Holwe u.a., Teilzeit- und Befristungsgesetz, S. 184 f.
[123] Nebendahl, Teilzeitarbeitsvertrag, S. 162.
[124] Linck, in: ArbR-HdB, § 43 Rn. 20; Schüren, in: MHdB ArbR, § 45 Rn. 84.
[125] Preis, in: ErfK, TzBfG, § 13 Rn. 3.
[126] Schüren, in: MHdB ArbR, § 45 Rn. 84 ff.
[127] Nebendahl, Teilzeitarbeitsvertrag, S. 170 f.

Arbeitsvertrag einen ersatzweisen Arbeitsplan bei einem solchen Dissens enthält, gilt dieser automatisch. Ist dies nicht der Fall, werden unterschiedliche Ansichten in der Literatur diskutiert. Einerseits wird vertreten, dass bei Nichteinigung der Parteien ein etwaiger früherer Arbeitsplan, weiter Gültigkeit behält.[128] Andererseits wird angenommen, dass in solchen Fällen das Direktionsrecht auf den Arbeitgeber zurückfällt und dieser die Verteilung der Arbeitszeit einseitig vornehmen kann.[129] Die Konsequenz der ersten Ansicht wäre, dass ein Arbeitsplatzpartner, der im vergangenen Zeitabschnitt einen für ihn vorteilhaften Arbeitszeitplan erwirkt hat, durch seine Weigerung abweichenden Plänen zuzustimmen, die alte Regelung zu Lasten seines Partners fortwährend fixieren könnte. Der zweiten Ansicht wird entgegengehalten, dass der Arbeitgeber keinen Schiedsrichter darstellt und auf arbeitsrechtliche Sanktionen wie Abmahnung und Änderungskündigung zurückgreifen müsste. Letzterer Auffassung kann nicht gefolgt werden, denn das Interesse des Arbeitgebers besteht lediglich darin, dass der Arbeitsplatz während der vereinbarten Zeiten besetzt wird, dabei ist für ihn grundsätzlich unerheblich, welcher Jobsharer dies zu welcher Zeit tut. Zudem ist eine Abmahnung der Parteien nicht zielführend, da sie die fehlende Einigung nicht substituieren kann und ggf. genau das Gegenteil der beabsichtigten Konfliktschlichtung forciert. Eine Änderungskündigung und damit die Beendigung des Arbeitsverhältnisses, wenn die veränderten Arbeitsbedingungen nicht akzeptiert werden, erscheint insbesondere dann unverhältnismäßig, wenn der Konflikt der Arbeitsplatzpartner nur wegen eines kurzen Zeitabschnitts besteht und sie sich über die restliche Arbeitszeitplanung einigen konnten.[130] Deshalb ist der zweiten Ansicht zu folgen, wonach bei Nichteinigung der Jobsharing-Partner das Direktionsrecht auf den Arbeitgeber zurückfällt. Im Rahmen seiner Fürsorgepflicht muss der Arbeitgeber die unterschiedlichen Interessen der Arbeitnehmer berücksichtigen und in Einklang bringen. Dabei können die Grundsätze des § 7 IV BUrlG herangezogen werden.

---

[128] Schüren, in: MHdB ArbR, § 45 Rn. 87.
[129] Linck, in: ArbR-HdB, § 43 Rn. 20.
[130] Holwe u.a., Teilzeit- und Befristungsgesetz, S. 188 ff.

Nach Ablauf des Zeitraumes, über den sich die Partner nicht einigen konnten, lebt ihr Recht, die Arbeitszeit eigenverantwortlich festzulegen, wieder auf.[131] Um keine rechtlichen Risiken einzugehen, ist es empfehlenswert, einen Ersatzarbeitsplan in die Jobsharing-Arbeitsverträge für Konfliktfälle aufzunehmen. Auch wenn die Jobsharer ihre Arbeitszeit grundsätzlich eigenständig festlegen können, muss der Arbeitgeber gewährleisten, dass die Grenzen des ArbZG eingehalten werden, um seine Arbeitnehmer vor „Selbstausbeutung" zu bewahren.[132] Gemäß § 3 ArbZG darf die werktägliche Arbeitszeit grundsätzlich acht Stunden nicht überschreiten. Zudem regelt das Gesetz weitere Schutzbestimmungen, die auch bei Jobsharern berücksichtigt werden müssen. Eine Ausnahme bilden gem. § 18 ArbZG leitende Angestellte i.S.d. § 5 III BetrVG, zu denen Topsharer gehören können. Auf diese Personengruppe finden die Schutzvorschriften des ArbZG keine Anwendung.

### 3.1.2.2 Arbeitsinhalt und gemeinsame Verantwortung

Bei der Aufteilung des Arbeitsinhalts werden beim Topsharing idealerweise sowohl Einzelaufgaben auf die Partner verteilt, als auch Kernaufgaben festgelegt, die die Topsharer zusammen erbringen und verantworten. Abweichend davon ist es möglich, Arbeitsaufgaben vorübergehend so zu verteilen, dass Jobsharer aufgrund variierender Erfahrungshintergründe unterschiedlich anspruchsvolle Bereiche übernehmen, sodass ein Partner höherwertigen Aufgaben anfänglich allein nachgeht und den anderen Topsharer nach und nach an diese heranführt.[133]

Neben den Einzel- und Kernaufgaben sollte auch bei der Bewertung der Führungskräfte zwischen Einzel- und Gemeinschaftszielen bei Bestehen einer leistungsorientierten Vergütung unterschieden werden. Empfehlenswert ist es, das Mitarbeiterbewertungsgespräch bzgl. der Gemeinschaftsziele in Anwesenheit beider Partner durchzuführen. Dafür müssen sie sich mit der Anwesenheit des jeweils anderen einverstanden

---

[131] Ebenda, S. 189.
[132] Ebenda, S. 186.
[133] Vgl. Schüren, in: MHdB ArbR, § 45 Rn. 72.

erklären.¹³⁴ Eine datenschutzrechtlich korrekte Umsetzung muss im Vorfeld bedacht werden, ist jedoch nicht Gegenstand der vorliegenden Arbeit.

Unabhängig von der Ausgestaltung des Arbeitsinhalts muss überlegt werden, wie damit umzugehen ist, wenn es bei den Topsharing-Partnern in Bereichen der gemeinsamen Verantwortungsübernahme zu keiner Übereinstimmung kommt. Es sind Konstellationen denkbar, in denen aus dem gewünschten „Miteinander" der Topsharer bspw. durch Konkurrenzkampf ein „Gegeneinander" wird, das den gemeinsamen Entscheidungsprozess blockiert. Sowohl das Gesetz als auch die rechtliche Literatur schweigen bisher dazu, wie mit solchen Fällen umzugehen ist. Denkbar wäre, eine Abmahnung bzw. Änderungskündigung verschuldensabhängig gegen eine oder beide Führungskräfte auszusprechen, wenn ein Verstoß gegen vertragliche Pflichten vorliegt, zu denen auch die sogenannten vertraglichen Nebenpflichten zählen.¹³⁵ Führungskräfte kommen Aufgaben nach, die aufgrund ihrer hierarchischen Position regelmäßig Einfluss auf das Unternehmen haben. Die damit verbundene besondere Vertrauensstellung als auch die entsprechende Vergütung rechtfertigen es, dass Führungskräfte neben der Erbringung ihrer Arbeitsleistung auch die Ziele des Unternehmens aktiv fördern sowie das eigene Handeln an den Unternehmensinteressen ausrichten müssen. Deshalb werden im Kollisionsfall die eigenen Interessen denen des Unternehmens untergeordnet.¹³⁶ Die nebenvertragliche Förderungspflicht von Führungskräften lässt sich zudem als Kooperationspflicht auslegen. Danach müssen diese „mit gleich- oder übergeordneten Führungskräften kooperativ zusammenarbeiten. Sind mehrere Führungskräfte gemeinschaftlich zur Leitung einer Abteilung oder eines Unternehmens verpflichtet, ist die kollegiale und loyale Zusammenarbeit bereits ein Teil der vertraglich geschuldeten Leistungserbringung. [...] Doch auch wenn die Führungskräfte voneinander unabhängige Ressorts betreuen, sind sie zur Kooperation verpflichtet. Dies beschränkt

---

[134] Wildhaber/Geiser, AVR 1/2016, 1 (8).
[135] Vgl. Preis, Arbeitsrecht, S. 854 ff.
[136] Bröckner, Nebenpflichten und Haftung von Arbeitnehmern in Führungspositionen, S. 79 ff.

sich aber nicht lediglich darauf, dass sie nicht gegeneinander arbeiten oder sich behindern, sondern sie müssen weitergehend auch einen hinreichenden Informationsfluss gewährleisten."[137] Der Arbeitgeber hätte insofern die Möglichkeit, verschuldensabhängig gegen Topsharer vorzugehen, die sich in der Zusammenarbeit nicht kooperativ verhalten und damit ggf. gegen ihre vertragliche Nebenpflicht verstoßen. Davon erfasst werden jedoch keine Uneinigkeiten, die im Zuge einer konstruktiven Zusammenarbeit entstehen, z.b. durch unterschiedliche Ansichten bei einer anstehenden Investitionsentscheidung. Für solche Fälle sollte unternehmensintern eine Regelung getroffen werden, damit der Betrieb handlungsfähig bleibt und im Zweifelsfall auch zeitkritische Entscheidungen getroffen werden können. In der Praxis finden sich empfehlenswerte Regelungen, die bei Uneinigkeiten der Topsharer die folgende hierarchische Instanz, wie die nächst höhere Führungskraft, in die Verantwortung nimmt.[138]

In Anbetracht möglicher auftretender Unstimmigkeiten zwischen den Partnern kann es hilfreich sein, die Paar-Konstellationen auch aufgrund ihrer persönlichen Eigenschaften auszuwählen um zu gewährleisten, dass einer konstruktiven Zusammenarbeit nichts im Wege steht. Welche persönlichen Eigenschaften besonders zum Gelingen einer Arbeitsplatzteilung beitragen, wird in der Literatur ausgiebig behandelt.[139] Darauf kann vorliegend nicht weiter eingegangen werden.

### 3.1.2.3 Vertretung

Für Arbeitgeber wäre eine generelle Vertretungsverpflichtung der Jobsharer während Abwesenheitszeiten als sehr reizvoll einzuschätzen, da der Arbeitgeber sich nicht selbst um eine alternative Besetzung des Arbeitsplatzes kümmern müsste. Der Gesetzgeber gibt jedoch eine eher restriktive Rechtslage vor. Kritiker sehen darin einen Grund für die bislang geringe Verbreitung des Jobsharings.[140] Denn wie in § 13 I S. 2, 3 TzBfG

---

[137] Bröckner, Nebenpflichten und Haftung von Arbeitnehmern in Führungspositionen, S. 205 f.
[138] Vgl. Gillies, managerSeminare 189/2013, 22 (24).
[139] Abrell, Führen in Teilzeit, S. 118.
[140] Linde, in: Preis, IAf, S. 899 f.

ausdrücklich geregelt, besteht **grundsätzlich** für die Jobsharer keine automatische Pflicht zur Vertretung des Partners.

Eine im Arbeitsvertrag geregelte generelle Vertretungspflicht ist gem. § 134 BGB i.V.m. § 13 I TzBfG nichtig.[141] Eine Pflicht zur Vertretung kann sich nur ergeben, wenn ein Jobsharing-Partner an der Arbeitsleistung verhindert ist und darüber hinaus

a entweder der verbleibende Arbeitsplatzpartner der Vertretung im Einzelfall zustimmt (Abs. 1 S. 2) oder

b der Arbeitsvertrag generell die gegenseitige Vertretung der Jobsharer bei Vorliegen dringender betrieblicher Gründe vorsieht und die Vertretung im konkreten Einzelfall auch zumutbar ist (Abs. 1 S. 3).

Sind diese Voraussetzungen nicht erfüllt, liegt keine Vertretungsverpflichtung vor. Zudem zählt nicht jeder Ausfall eines Arbeitnehmers als Verhinderung. Diese ist nur anzunehmen, wenn das Unvermögen zur Erbringung der Arbeitsleistung auf persönlichen Gründen basiert, z.B. Krankheit, Urlaub oder Fortbildung. Die bloße Arbeitsverweigerung gehört nicht dazu. Im Fall a) kann der Arbeitsplatzpartner einer Vertretung im Einzelfall, also wenn tatsächlich feststeht, dass der Jobsharer verhindert ist, zustimmen. Kommt der verbleibende Partner der Zustimmung im Einzelfall nicht nach, darf sich dies gem. § 612 a BGB nicht nachteilig auf ihn auswirken.[142] Die Zustimmung zur Vertretungsarbeit kann aber auch konkludent durch die Arbeitsaufnahme getätigt werden. Im Fall b) müssen dringende betriebliche Gründe vorliegen, um eine Vertretungsverpflichtung auszulösen. Die bloße Verhinderung eines Arbeitsplatzpartners ist nicht ausreichend. Vielmehr ist dafür notwendig, dass der Jobsharer nicht „durch einen anderen Arbeitnehmer vertreten werden kann und bei Nichtleistung der Arbeit eine wesentliche Schädigung des Unternehmens eintreten würde."[143] Die Beweislast zur Darlegung eines vorliegenden dringenden betrieblichen Grundes liegt beim Arbeitgeber. Zudem muss die

---

[141] Ebenda, S. 902.
[142] Holwe u.a., Teilzeit- und Befristungsgesetz, S. 191 f.
[143] Linde, in: Preis, IAf, S. 901 f.

Vertretung in der konkreten Verhinderungssituation für den Partner zumutbar sein. Die Frage der Zumutbarkeit ist „unter Berücksichtigung der Situation des potenziell zur Vertretung verpflichteten Arbeitnehmers unter Vornahme einer Interessenabwägung" [144] zu beantworten.[145] Dabei müssen alle Umstände des Einzelfalles untersucht werden. Anhaltspunkte für die Abwägung der Zumutbarkeit können der zeitliche Umfang und die Dauer der Vertretung sowie die Ankündigungsfrist vor Eintritt des Vertretungsfalles sein.[146] Eine Unzumutbarkeit kann vor allem durch familiäre Belastungen wie z.b. die Betreuung der Kinder oder die Pflege eines Angehörigen ausgelöst werden.[147] Nur für den Fall, dass das betriebliche Interesse schwerer wiegt, ist der Jobsharer, auch gegen seinen Willen zur Leistung von Vertretungsarbeit verpflichtet.[148] Bei der Überlegung, welche Vertretungsregelungen bei den einzelnen Jobsharing-Paaren im Arbeitsvertrag aufgenommen werden sollen, können auch individuelle Besonderheiten berücksichtigt werden. Bilden z.B. ein jüngerer Familienvater und ein älterer Arbeitnehmer ein Arbeitsplatzteam kann es sinnvoll sein, die Vertretungspflicht nur bei dem älteren Mitarbeiter vertraglich festzuschreiben, da die Zumutbarkeit der Vertretungsarbeit beim Arbeitnehmer mit familiären Verpflichtungen regelmäßig zweifelhaft sein wird.[149]

Eine Ausnahme bilden Notfälle, in denen die Jobsharer gem. §§ 241 II, 242 BGB verpflichtet sind, über ihre vertraglich festgelegte Arbeitszeit hinaus zu arbeiten. Dabei unterliegen sie dem Weisungsrecht des Arbeitgebers. Die Arbeitsplatzpartner werden damit nicht besser oder schlechter gestellt als „normale" Arbeitnehmer. Um § 13 I S. 1, 2 nicht unzulässig zu umgehen, muss der Arbeitgeber darauf achten, falls er über alternative Arbeitnehmer verfügt, die der Arbeit ebenso nachkommen könnten, zu prüfen, wem die Überstunden im Einzelfall am ehesten zuzumuten ist.[150] Vertritt

---

[144] Holwe u.a., Teilzeit- und Befristungsgesetz, S. 281.
[145] Ebenda.
[146] Linde, in: Preis, IAf, S. 902.
[147] Boecken, in: HK-TzBfG, § 13 Rn. 14.
[148] Holwe u.a., Teilzeit- und Befristungsgesetz, S. 193.
[149] Vgl. Schüren, in: MHdB ArbR, § 45 Rn. 72.
[150] Boecken, in HK-TzBfG, § 13 Rn. 10; Holwe u.a., Teilzeit- und Befristungsgesetz, S. 192.

ein Jobsharer seinen verhinderten Partner, überschreitet er automatisch die in seinem Arbeitsvertrag vereinbarte Arbeitszeit. Genau wie bei „normalen" Arbeitnehmern sind diese Überstunden per Geldzahlung oder Freizeitausgleich zu kompensieren.[151] Bei Überstunden sollten darüber hinaus Besonderheiten der Arbeitnehmer berücksichtigt werden, die dem Jobsharing während einer Elternzeit oder Altersteilzeit nachgehen. In diesen Fällen sind Höchstgrenzen der Arbeitszeit zu beachten, auf die im Folgenden im Unterkapitel „Besonderheiten der Topsharing-Varianten" näher eingegangen wird. Gemäß § 13 IV TzBfG bestünde die Möglichkeit mit Hilfe abweichender Tarifvertragsregelungen den Beschränkungen der Vertretungspflicht, z.B. durch Einführung einer tarifvertraglich geregelten generellen Vertretungspflicht, zu entgehen. Dies hat aber bisher keine praktische Bedeutung.[152]

Durch die restriktive gesetzliche Regelung mögen sich manche Arbeitgebererwartungen bzgl. der Vertretungsverpflichtung nicht erfüllt haben. Nichtsdestotrotz ist bei Verhinderung eines Jobsharers die Arbeitsstelle zumindest teilweise besetzt, wohingegen bei einem „normalen" Arbeitsverhältnis ein Totalausfall der Vollzeitkraft hingenommen werden muss.[153]

### 3.1.2.4 Haftung

Im Folgenden werden die allgemeinen Haftungsgrundsätze im Rahmen des Topsharings vorgestellt sowie auf Besonderheiten eingegangen, die im Zusammenhang mit der partiellen Gemeinschaftsleistung entstehen.

Nach dem allgemeinem Schuldrecht würde ein Arbeitnehmer gegenüber dem Arbeitgeber für die von ihm verursachten und zu vertretenden Schäden wegen vertraglicher Pflichtverletzung bzw. nach dem Deliktsrecht voll haften.[154] Die von der Rechtsprechung entwickelten Grundsätze zum innerbetrieblichen Schadensausgleich beschäftigen sich abweichend mit der Frage, ob ein Arbeitnehmer überhaupt bzw. in welchem Umfang für

---

[151] Holwe u.a., Teilzeit- und Befristungsgesetz, S. 192.
[152] Linde, in: Preis, IAf, S. 907 f.
[153] Schüren, in: MHdB ArbR, § 45 Rn. 75; Linde, in: Preis, IAf, S. 899 f.
[154] Reichhold, in: MHdB ArbR, § 57 Rn. 19.

Schäden einzutreten hat, die ihm im Rahmen der Arbeitstätigkeit unterlaufen.[155] In diesem Zusammenhang werden drei Stufen unterschieden. Bei Vorsatz und grober Fahrlässigkeit verbleibt es bei der vollen Haftung des Arbeitnehmers. Leichte Fahrlässigkeit führt zu Haftungsausschluss und mittlere Fahrlässigkeit hat eine Quotelung, abhängig vom Verschuldensgrad, zur Folge.[156] Diese Haftungsstaffelung wird aus Konkurrenzgründen auch auf die deliktische Haftung des Arbeitnehmers für Schäden, die er im Rahmen seiner betrieblichen Tätigkeit dem Arbeitsgeber zufügt, übertragen.[157] Früher wurde in der Rechtsprechung vertreten, dass leitende Angestellte an dem vorgenannten Haftungsprivileg für Arbeitnehmer generell nicht teilhaben. Diese Ansicht hat der BGH aber mittlerweile aufgegeben und die Haftungsprivilegierung auch für leitende Angestellte bejaht, sofern ihnen nicht die Geschäftsführung obliegt. Dies deckt sich mit der überwiegend in der Literatur vertretenen Ansicht. Das BAG hat hierzu noch keine Entscheidung treffen müssen.[158] Aufgrund ihrer besonderen Kenntnisse und Fähigkeiten wird allerdings in der Regel bei leitenden Angestellten im Schadensfall eher von einer mittleren oder gar groben Fahrlässigkeit auszugehen sein.[159]

Soweit die Jobsharer ihre Leistung unabhängig voneinander erbringen, ändert sich nichts an den hiesigen Haftungsgrundsätzen. Lediglich dort, wo ein Arbeitsergebnis gemeinschaftlich zu erreichen ist, ergeben sich Besonderheiten bzgl. der Haftung, so auch beim Topsharing. Denn bei Zusammenwirken mehrerer Arbeitnehmer besteht nicht selten die Schwierigkeit, dass der Arbeitgeber nicht in der Lage ist, nachzuweisen, auf welchen Arbeitnehmer eine Schlechtleistung zurückgeht.[160] Da das Gesetz für gemeinschaftlich erzielte Arbeitsergebnisse im Rahmen einer Arbeitsplatzteilung keine Regelung vorsieht, liegt es nahe, insoweit zumindest analog auf die Grundsätze der Gruppenarbeitsverhältnisse

---

[155] Schwab, in: SWK-ArbR, 18. Arbeitnehmerhaftung Rn. 2 f.
[156] Ebenda, Rn. 6.
[157] Vgl. Schwab, NZA-RR 04/2016, 169 (173 f.).
[158] Schwab, in: SWK-ArbR, 18. Arbeitnehmerhaftung Rn. 13.
[159] Otto, in: Haftung des Arbeitnehmers, § 7 Rn. 1 ff.
[160] Danne, Spiegel der Forschung, 2-3/1987, 35 (36).

zurückzugreifen. Bei den Gruppenarbeitsverhältnissen wird unterschieden zwischen der Eigengruppe und der Betriebsgruppe.

### 3.1.2.4.1 Eigengruppe:

Kennzeichen einer Eigengruppe ist, dass die Teammitglieder sich selbst zur Erbringung einer Gruppenleistung zusammentun und ihre Leistung im Wege eines einheitlichen Vertragsverhältnisses anbieten. Dies tun sie regelmäßig in Form einer Gesellschaft bürgerlichen Rechts gem. § 705 BGB. Die Gruppenmitglieder übernehmen gemeinsam die Verantwortung für die Planung und Erfüllung der geschuldeten Leistung.[161] Im Falle der Leistungsstörung kommt es zu einer gesamtschuldnerischen Haftung gem. § 421 BGB der Gruppenmitglieder.[162] Das würde dem Gedanken des Topsharings zwar entsprechen, wonach bestimmte Bereiche in gemeinsamer Verantwortung erbracht werden. Mittlerweile haben sich jedoch auch die letzten Befürworter, insbesondere Schüren, in diesem Zusammenhang gegen die Eigengruppe ausgesprochen. Denn die rechtliche Ausgestaltung als ein einheitliches Vertragsverhältnis gegenüber dem Leistungsempfänger beraubt die einzelnen Gruppenmitglieder ihres arbeitsrechtlichen Schutzes sowie ihrer arbeitsrechtlichen Ansprüche, z.B. auf Elternzeit nach dem BEEG.[163] Aus diesem Grund kann vorliegend auch nicht analog auf die Grundsätze der Eigengruppe im Bereich der Haftung für gemeinschaftlich erbrachte Leistungen im Rahmen des Topsharings zurückgegriffen werden.

### 3.1.2.4.2 Betriebsgruppe:

Bei der Betriebsgruppe bestehen einzelne, voneinander unabhängige Arbeitsverträge mit dem Arbeitgeber, der die Arbeitnehmer lediglich zum Erreichen einer gemeinsamen Arbeitsaufgabe zusammenfasst. „Die Arbeitspflicht der Gruppenmitglieder muss so ausgestaltet sein, dass die jeweilige Arbeit als Gruppenleistung zu erbringen ist, was zumindest

---

[161] Linde, in: Preis, IAf, S. 890 f.; Schmädicke in: SWK-ArbR, 97. Jobsharing/Gruppenarbeitsverhältnisse Rn. 7.
[162] Krause, in: Haftung des Arbeitnehmers, § 13 Rn. 104.
[163] Schüren, in: MHdB ArbR, § 45 Rn. 81.

bedeutet, dass die konkrete Organisation der internen Arbeitsvorgänge in die Hände der Gruppe gelegt wird."[164] Dies kann auf die gemeinsame Leistungserbringung im Rahmen des Topsharings übertragen werden. In der Literatur wird nach einer Ansicht bei einer Arbeitsplatzteilung aber keine Betriebsgruppe gebildet, denn dem stünde einerseits die Dauer der Arbeitszeit, die beim Jobsharing unter der betriebsüblichen bleiben muss und andererseits die eigenverantwortliche Festlegung der Arbeitszeit durch die Partner, die, wie oben ausgeführt, Inhalt jedes Jobsharing-Verhältnisses ist, entgegen.[165] Nach anderer Auffassung sei die gemeinsame Aufgabenerfüllung und das Zusammenwirken bei der Aufstellung des Arbeitsplans im Rahmen des Jobsharings gerade das typische Merkmal einer Betriebsgruppe.[166] Letztlich kann diese Frage hier wegen mangelnder Ergebnisrelevanz offen bleiben, denn zumindest analog lassen sich die Grundsätze, die zur Haftung der Betriebsgruppe entwickelt wurden, auf die Leistungsanteile beim Topsharing beziehen, die gemeinschaftlich erbracht werden, sofern die Leistungsstörung nicht einem Partner konkret zugerechnet werden kann.[167]

Soweit es um die vertragliche Haftung bei Bildung einer Betriebsgruppe für Schäden im Zusammenhang mit der gemeinschaftlichen Leistungserbringung geht, hat das BAG selbst für den Fall einer im Gruppenakkord arbeitenden Betriebsgruppe entschieden, dass der einzelne Arbeitnehmer nur dann zum Schadensersatz verpflichtet ist, falls dieser selbst schuldhaft gegen seine vertraglichen Pflichten verstoßen hat. Im Zweifel bestünde keine Haftung für das Verschulden anderer Gruppenmitglieder.[168] Die sich daraus für den Arbeitgeber häufig ergebene Problematik, nicht von sich aus nachweisen zu können, welches Gruppenmitglied den Schaden herbeigeführt hat respektive welchen Verschuldensgrad die einzelnen Mitglieder bei der Schadensverursachung trifft, wurde nach einer älteren

---

[164] Krause, in: Haftung des Arbeitnehmers, § 13 Rn. 64.
[165] Preis, in: ErfK, TzBfG, § 13 Rn. 3.
[166] Schüren, in: MHdB ArbR, § 45 Rn. 79.
[167] Vgl. Müller-Glöge, in: MüKo, TzBfG, § 13 Rn. 5.; Preis, in: ErfK, TzBfG, § 13 Rn. 8.
[168] Krause, in: Haftung des Arbeitnehmers, § 13 Rn. 72.

Entscheidung des BAG bei der Betriebsgruppe dadurch gelöst, dass es zu einer Beweislastumkehr kam. „Danach war es Sache der einzelnen Gruppenmitglieder sich zu entlasten, indem sie darlegten und bewiesen, dass sie selbst einwandfreie Arbeit geleistet und auch nicht durch Verletzung vertraglicher Nebenpflichten den Schaden mitverursacht hatten."[169] Gleiches galt hinsichtlich des Verschuldens. Seit Einführung des § 619a BGB hält die überwiegende Ansicht in der Literatur eine solche Beweislastumkehr grundsätzlich nicht mehr für möglich, weil sie dem dortigen Regelungsinhalt widerspricht.[170] Es obliegt danach unverändert dem Arbeitgeber, jedem einzelnen Gruppenmitglied seinen Verursachungsbeitrag am Schaden nachzuweisen.[171] Nach anderer Ansicht steht der § 619a BGB der Anwendung der genannten BAG-Rechtsprechung zur Schlechtleistung in Betriebsgruppen jedoch nicht entgegen, denn zum einen bezöge sich die Vorschrift nicht auf die Gruppenarbeit und zum anderen sei auch nicht erkennbar, dass die Abkehr von der BAG-Rechtsprechung Ziel des Gesetzgebers gewesen ist.[172] Der Mindermeinung kann aber nicht gefolgt werden, weil sie den eindeutigen gesetzlichen Wortlaut des § 619a BGB, wonach der Arbeitnehmer dem Arbeitgeber nur dann Schadensersatz im Rahmen des Arbeitsverhältnisses schuldet, wenn er die Pflichtverletzung zu vertreten hat, missachtet. Zwar ist der § 619a BGB grundsätzlich abdingbar, dies ist aber nur individualvertraglich möglich, weil § 309 Nr. 12a BGB für allgemeine Geschäftsbedingungen eine vorformulierte Beweislastverlagerung, die von der gesetzlichen Verteilung abweicht, verbietet.[173] Möglich erscheint allerdings, eine Beweiserleichterung in der Weise, dass die Topsharer, vergleichbar den Gruppenmitgliedern einer Betriebsgruppe, bei der Aufklärung der maßgeblichen Umstände, die zum Schadensfall geführt haben, einer vertraglichen Mitwirkungspflicht gegenüber dem

---

[169] Koch, in: ArbR-HdB, § 181 Rn. 11.
[170] Koch, in: ArbR-HdB, § 181 Rn. 11; Reichhold, in: MHdB ArbR, § 57 Rn. 14; Schüren, in: MHdB ArbR, § 144 Rn. 14; Preis, in: ErfK, BGB, § 611a Rn. 166.
[171] Schüren, in: MHdB ArbR, § 144 Rn. 14.
[172] Krause, in: Haftung des Arbeitnehmers, § 13 Rn. 78.
[173] Preis, in: ErfK, BGB, § 611a Rn. 166.

Arbeitgeber unterliegen. Verletzen sie diese, kann dies zu Schadensersatzansprüchen des Arbeitgebers führen.[174]

Soweit sich eine gemein zu verantwortende Schlechtleistung der Topsharer auch deliktisch im Sinne der § 823 ff. BGB auswirkt, kommt analog den Erwägungen für Gruppenmitglieder einer Betriebsgruppe eine gesamtschuldnerische Haftung bei gemeinschaftlich begangenen unerlaubten Handlungen in Betracht.[175] Auf die Fragen der Beweislast oder Mitwirkungspflichten bei der Aufklärung kommt es dann nicht entscheidend an, da der geschädigte Arbeitgeber gem. § 840 BGB im Außenverhältnis jeden Topsharer voll in Haftung nehmen kann.

Eine für den Arbeitgeber sichere Haftungsregelung für den Fall einer Schlechtleistung bei einer von den Topsharern gemeinschaftlich erbrachten Leistung gibt es vor diesem Hintergrund somit aktuell nicht. Denkbar erscheint, dass mit zunehmender Verbreitung des Topsharings entweder die Rechtsprechung oder der Gesetzgeber Klarheit in dieser Haftungsfrage schaffen.

### 3.1.2.5 Betriebliche Mitbestimmung

Im Folgenden ist zu klären, ob dem Betriebsrat beim Jobsharing ein Recht auf Mitbestimmung zukommt, welches ggf. beachtet werden muss. Die Entscheidung, ob Jobsharing im Unternehmen eingeführt wird, ist mitbestimmungsfrei. Denn bei der Implementierung des Jobsharings wird die betriebliche Arbeitszeit nicht umgestaltet. § 87 I Nr. 2 BetrVG greift hierbei nicht. Etwas anderes kann sich bei Vereinbarung der zeitlichen Lage der Arbeit ergeben, abhängig davon, inwiefern darüber entschieden wird. Im Regelfall legen die Arbeitsplatzpartner die Arbeitszeitlage selbständig fest – und solange keine anderen Arbeitsverhältnisse dadurch betroffen sind – bleibt dies mitbestimmungsfrei. Wenn allerdings im Falle von Unstimmigkeiten der Jobsharer der Arbeitgeber über die Lage der jeweiligen Arbeitszeitanteile entscheidet (s.o.), löst er damit ein Mitbestimmungsrecht gem. § 87 I Nr. 2 BetrVG aus. Vertretungsregelungen, die einen

---

[174] Koch, in: ArbR-HdB, §181 Rn. 11.
[175] Koch, in: ArbR-HdB, § 181 Rn. 11; Schüren, in: MHdB ArbR, § 45 Rn. 91.

kollektiven Bezug aufweisen, sind ebenfalls mitbestimmungspflichtig.[176] Bei den gesetzlichen Vertretungsregelung des § 13 I S. 2, 3 TzBfG handelt es sich um abschließende gesetzliche Regelungen nach § 87 I Einl. BetrVG, die keine betriebliche Mitbestimmungspflicht nach § 87 I Nr. 3 BetrVG begründen.[177] Im Falle einer Mitbestimmungspflicht des Betriebsrats entscheidet bei fehlender Einigung gem. § 87 II BetrVG die Einigungsstelle. Handelt es sich bei den Topsharern um leitende Angestellte i.S.v. § 5 IV BetrVG, findet das BetrVG, bis auf wenige Ausnahmen, keine Anwendung. Statt des Betriebsrats vertritt der Sprecherausschuss die Interessen der leitenden Angestellten. Allerdings verfügt dieser über keine echten Mitbestimmungsrechte, sondern lediglich über Unterrichtungs-, Anhörungs- und Beratungsrechte.[178] Besonderheiten, die den Mitbestimmungsrechten des Betriebsrates entsprechen, sind nicht zu beachten.

### 3.1.2.6 Kündigung

Ein Jobsharing-Arbeitsverhältnis kann, wie jedes andere Arbeitsverhältnis, im Einvernehmen oder durch Kündigung des Arbeitgebers bzw. Arbeitnehmers beendet werden. Dabei erhalten die Arbeitsplatzpartner grundsätzlich weder einen erhöhten noch einen geminderten Kündigungsschutz. Insofern regelt § 13 II TzBfG nur den besonderen Fall der partnerbedingten Kündigung, der über die allgemeinen Regelungen zur Beendigung von Arbeitsverhältnissen hinausgeht.[179] Gemäß § 13 II S. 1 TzBfG ist es dem Arbeitgeber nicht erlaubt, einen Jobsharer deshalb zu kündigen, weil der andere Arbeitsplatzpartner aus seinem Arbeitsverhältnis ausscheidet. Es handelt sich dabei um ein absolutes Kündigungsverbot nach § 134 BGB. Ein solches Rechtsgeschäft wäre nichtig. Das gleiche gilt für eine auflösende Bedingung, die das Jobsharing-Arbeitsverhältnis vom Bestand des Partner-Arbeitsverhältnisses abhängig macht und damit eine Verbotsumgehung darstellt. Jedoch reicht allein der Umstand, dass der Arbeitgeber im Zusammenhang eines ausscheidenden Jobsharers den

---

[176] Linde, in: Preis, IAf, S. 908 f.
[177] Boecken, in: HK-TzBfG, § 13 Rn. 24.
[178] Ehrich, in: SWK-ArbR, 143. Sprecherausschuss Rn. 1 ff.
[179] Linde, in: Preis, IAf, S. 904 f.

Partner kündigt nicht aus, um einen Verstoß gegen das Kündigungsverbot zu begründen. Dafür muss das Ausscheiden des Arbeitsplatzpartners den tragenden Grund bzw. das Motiv für die Kündigung durch den Arbeitgeber darstellen.[180] Ausdrücklich vom Verbot ausgenommen sind gem. § 13 II S. 2 TzBfG Kündigungen aus anderen Gründen. Einer ordentlichen Kündigung bzw. außerordentlichen Kündigung aus Gründen, die nicht partnerbedingt sind sowie einer Änderungskündigung, die aufgrund eines ausscheidenden Jobsharing-Partners ausgesprochen wird, steht die gesetzliche Regelung nicht entgegen.[181] Letzteres kann der Arbeitgeber dafür nutzen, dem verbleibenden Partner im Zuge der Änderungskündigung den bisherigen Arbeitsplatz als Vollzeitstelle anzubieten. Allerdings muss er vorher versucht haben, eine Ersatzkraft, ggf. auch durch Neueinstellung, zu finden. Grundlage dafür ist das ultima-ratio-Prinzip des Kündigungsrechts.[182]

Einen gesonderten Kündigungsschutz könnte sich für die Modellvarianten des Topsharings ergeben. Sowohl bei Arbeitnehmern, die sich gem. § 15 IV BEEG in Elternzeit befinden, als auch bei solchen, die eine Familienpflegezeit gem. § 2 I FPfZG in Anspruch genommen haben, sind spezielle gesetzliche Vorkehrungen getroffen worden. Nach § 18 I, II BEEG und auch nach § 2 III FPfZG i.V.m. § 5 I PflegeZG besteht ein besonderer Kündigungsschutz während der Elternzeit bzw. Familienpflegezeit. Eine Ausnahme bildet eine Kündigung, die gem. §18 I BEEG bzw. §5 II PflegeZG von der für den Arbeitsschutz zuständigen Landesbehörde anerkannt worden ist. Zudem muss im Zusammenhang einer Altersteilzeit älterer Mitarbeiter beachtet werden, dass es sich bei dem Vertragsverhältnis um einen befristeten Vertrag gem. §15 III TzBfG handelt, der nur ordentlich kündbar ist, wenn dies einzelvertraglich oder tarifvertraglich ausdrücklich vereinbart worden ist. Andernfalls darf nur außerordentlich gekündigt werden.[183]

---

[180] Linde, in: Preis, IAf, S. 904 ff.
[181] Boecken, in: HK-TzBfG, § 13 Rn. 18.
[182] Holwe u.a., Teilzeit- und Befristungsgesetz, S. 194; Linde, in: IAf, S. 906.
[183] Rolfs, in: ErfK, ATG, § 8 Rn. 22; Einfeldt, in: SWK-ArbR, 8. Altersteilzeit Rn. 24.

### 3.1.2.7 Arbeitsvertrag

Für das Topsharing gelten die Grundsätze des Jobsharings uneingeschränkt wie bereits im Vorangegangenen ausgeführt. Die Arbeitsvertragsgestaltung stellt diesbezüglich keine Ausnahme dar. Die herausgearbeiteten rechtlichen Besonderheiten des Topsharings, die sich bzgl. möglicher Uneinigkeiten der Topsharer oder durch die Haftung bei teilweise gemeinschaftlich erbrachter Arbeitsleistung ergeben, sind für den Arbeitgeber wichtig zu wissen. Sie lassen grundsätzlich jedoch nicht den Rückschluss zu, dass der Topsharing-Arbeitsvertrag deswegen anders ausgestaltet werden müsste, als ein Jobsharing-Arbeitsvertrag. Es steht den Parteien grundsätzlich frei, entweder einen Teilzeitarbeitsvertrag in Verbindung mit einem Zusatzvertrag abzuschließen, der die Besonderheiten der Arbeitsplatzteilung behandelt oder dies komprimiert in einem Vertrag zu tun.[184] Im Anhang befindet sich ein erstellter Zusatzvertragsentwurf, in den folglich nur die Besonderheiten der Arbeitsplatzteilung aufgenommen wurden, die nicht bereits in einem zugrundeliegenden Teilzeitarbeitsvertrag geregelt wurden.

## 3.2 Besonderheiten der Topsharingvarianten

Die arbeitsrechtliche Untersuchung erstreckt sich anschließend auf die Besonderheiten der entwickelten Topsharingvarianten Balance, Familie und Entlastung.

### 3.2.1 Variante Balance

Wie bereits dargestellt, können Unternehmen Führungsnachwuchskräfte mit Hilfe der Topsharing-Variante Balance gezielt ansprechen. Um durch die Arbeitszeitreduzierung keine Karriereeinschränkungen hinnehmen zu müssen, kann dafür die „Brückenteilzeit" genutzt werden. Damit wird verhindert, dass die Führungsnachwuchskraft in die sogenannte „Teilzeitfalle" gerät und keine Möglichkeit zur Rückkehr in Vollzeit hätte.[185] Um einen Anspruch nach § 9a TzBfG auf eine zeitlich begrenzte Verringerung

---

[184] Vgl. Staub, Jobsharing als CSR-Instrument zur Integration von Geflüchteten, S. 30.
[185] Vgl. Baeck/Winzer/Abend, NGZ 21/2018, 816 (818).

der Arbeitszeit zu erhalten, muss das Arbeitsverhältnis des Arbeitnehmers vorher mindestens sechs Monate bestanden haben und der Arbeitgeber mehr als 45 Arbeitnehmer beschäftigen. Bei Antragstellung muss ein Zeitraum zwischen einem und fünf Jahren genannt werden währenddessen die Arbeitszeitverkürzung erfolgen soll. Der Anspruch auf Gewährung von Brückenteilzeit ist nicht an bestimmte Gründe in der Person des Mitarbeiters geknüpft. Wurde die zeitlich begrenzte Teilzeit abgeleistet, kehrt der Mitarbeiter nach Ablauf dieser Zeit in seine ursprünglich vertraglich vereinbarte Arbeitszeit zurück. Gem. § 9a II gelten für Unternehmen Zumutbarkeitsschwellen, um einer unverhältnismäßigen Beanspruchung kleinerer Unternehmen zwischen 45 und 200 Mitarbeitern zu verhindern.[186] Frühestens ein Jahr nach Rückkehr in die ursprüngliche Arbeitszeit kann gem. § 9a V TzBfG ein erneuter Antrag auf Brückenteilzeit gestellt werden. Die Brückenteilzeit in Kombination mit dem Topsharing ermöglicht es Unternehmen, ihren ohnehin bestehenden gesetzlichen Pflichten nachzukommen und gleichzeitig die Zielgruppe der Führungsnachwuchskräfte gezielt anzusprechen.

**3.2.2 Variante Familie**

Aus Arbeitgeberperspektive birgt die Topsharing-Modellvariante Familie den Vorteil, dass Arbeitnehmer mit familiären Verpflichtungen zumindest in reduzierter Arbeitszeit im Unternehmen bleiben können. Hierbei sollen sowohl Eltern, die sich in der **Elternzeit** befinden, als auch Führungskräfte, die im Rahmen einer **Familienpflegezeit** eine pflegebedürftige Person betreuen, angesprochen werden.

**3.2.2.1 Elternzeit:**

Arbeitnehmer erhalten zur Betreuung und Erziehung ihres Kindes bis zur Vollendung des 3. Lebensjahres einen Anspruch auf Elternzeit unter den Voraussetzungen der §§ 15 ff. BEEG. Der Gesetzgeber räumt den Arbeitnehmern damit einen Anspruch auf unbezahlte Freistellung von der Arbeit

---

[186] Baeck/Winzer/Abend, NGZ 21/2018, 816 (817).

ein.[187] Personen, die sich in Elternzeit befinden, erhalten folglich für diese Zeit kein Arbeitsentgelt. Zum Ausgleich können sie Elterngeld gem. § 1 ff. BEEG beantragen und die Möglichkeit nutzen, neben der Elternzeit weiterhin einer Teilzeitbeschäftigung nachzugehen.[188] Arbeitnehmer können unter den Voraussetzungen des § 15 VII BEEG einen Anspruch auf Verringerung ihrer Arbeitszeit während der Elternzeit erwirken. Der Arbeitnehmer kann hierbei einen Arbeitszeitumfang zwischen **15 und 30** Wochenstunden wählen. Gem. § 1 I, VI BEEG besteht der Elterngeldanspruch für Personen, die ihr Kind, welches mit ihnen in einem gemeinsamen Haushalt in Deutschland lebt, selbst betreuen und erziehen und dabei entweder nicht oder beschränkt für höchstens **30** Wochenstunden im Monatsdurchschnitt erwerbstätig sind. Es kann zwischen drei Varianten des Elterngeldes unterschieden werden: Basiselterngeld, ElterngeldPlus und Partnerschaftsbonus. Das Basiselterngeld kann gem. § 4 IV BEEG für bis zu 14 Monate gem. § 2 I, IV BEEG in der Regel i.H.v. 65- 67% des ehemaligen Erwerbseinkommens, aber mindestens über 300€ und höchstens 1800€, bezogen werden. Alternativ kann das ElterngeldPlus doppelt so lange, also für 28 Monate, in Anspruch genommen werden. Daraus können vor allem Eltern, die nach der Geburt in Teilzeit arbeiten möchten, Vorteile erzielen.[189] Die Anspruchshöhe darf gem. § 4 III BEEG dann aber auch nur höchstens die Hälfte des Basiselterngeldes ohne anzurechnenden Zuverdienst betragen. Mit Hilfe des Partnerschaftsbonus werden Eltern belohnt, die ihre familiären Verpflichtungen und beruflichen Aufgaben partnerschaftlich untereinander aufteilen.[190] Gem. § 4 IV BEEG können Elternteile, die zur gleichen Zeit mindestens in vier aufeinander folgenden Monaten zwischen **25 und 30** Wochenstunden im Monatsdurchschnitt arbeiten jeweils vier weitere Monate, insgesamt für 32 Monate, ElterngeldPlus-Beiträge erhalten. Einer Teilzeittätigkeit während der Elternzeit nachzugehen, kann unter Beachtung der Stundenbegrenzungen durch die

---

[187] Fohrmann, in: SWK-ArbR, 78. Elternzeit Rn. 2.
[188] BMFSFJ, Elterngeld, ElterngeldPlus und Elternzeit, S. 9, 85.
[189] Richter, DStR 7/2015, 366.
[190] BMFSFJ, Elterngeld, ElterngeldPlus und Elternzeit, S. 25.

Elterngelt-Leistungen damit auch für die Arbeitnehmer attraktiver werden.

### 3.2.2.2 Familienpflegezeit:

Mit Einführung des FPfZG haben Beschäftigte zur besseren Vereinbarkeit von Beruf und familiärer Pflege u.a. einen Rechtsanspruch auf Familienpflegezeit erhalten. Gem. § 2 FPfZG sind Arbeitnehmer bei einer wöchentlichen Mindestarbeitszeit von **15 Stunden** für die Dauer von längsten 24 Monaten teilweise freizustellen, wenn sie einen pflegebedürftigen nahen Angehörigen in häuslicher Umgebung pflegen. Dabei darf die reduzierte Arbeitszeit im Jahresdurchschnitt nicht unterhalb der Mindestarbeitszeit liegen. Der Rechtsanspruch kann nur geltend gemacht werden, wenn der Arbeitgeber in der Regel mehr als 25 Arbeitnehmer beschäftigt. Um Familienpflegezeit in Anspruch nehmen zu können, muss dies gem. § 2a FPfZG dem Arbeitgeber mindestens acht Wochen im Voraus schriftlich mitgeteilt werden. Im Anschluss schließen beide Parteien gem. § 2a II FPfZG über die Verringerung und Verteilung der Arbeitszeit eine schriftliche Vereinbarung. Um den Lohnverlust während der Familienpflegezeit auszugleichen, gewährt das Bundesamt für Familie und zivilgesellschaftliche Aufgaben gem. § 3 I FPfZG den Beschäftigten auf Antrag ein zinsloses Darlehen, das in monatlichen Raten ausgezahlt wird.

### 3.2.2.3 Variante Entlastung

Die Topsharing-Modellvariante Entlastung soll auf die Bedürfnisse älterer Führungskräfte eingehen, ohne dass sie dafür frühzeitig aus dem Erwerbsleben ausscheiden müssen. Zudem soll das über die Jahre erworbene Wissen im Unternehmen gesichert und auf die Nachfolgekraft übertragen werden. Dafür kann zur besonderen Honorierung der älteren Führungskraft, eine Altersteilzeit angeboten werden. Gem. § 1 AltTZG wird damit das Ziel verfolgt, älteren Arbeitnehmern einen gleitenden Übergang in die Altersrente zu ermöglichen. Dabei besteht kein gesetzlicher Anspruch auf Altersteilzeit, sie setzt vielmehr ein gegenseitiges Einvernehmen zwischen Arbeitnehmer und Arbeitgeber voraus.[191] Früher war es gem. § 1 II AltTZG

---

[191] Einfeldt, in: SWK-ArbR, 8. Altersteilzeit Rn. 20.

möglich, eine staatliche Förderung zu erhalten, diese ist für heutige Verträge jedoch ausgelaufen. Trotzdem hängen die steuer- und sozialversicherungsfreien Arbeitgeber-Aufstockungsleistungen vom Erfüllen folgender Bedingungen ab: Der Arbeitnehmer muss gem. § 2 I AltTZG das 55. Lebensjahr vollendet haben und grundsätzlich innerhalb der letzten fünf Jahre mindestens 1080 Kalendertage in einer versicherungspflichtigen Beschäftigung gestanden haben. Zudem darf die Altersteilzeit nach § 2 I Nr. 2 AltTZG nicht enden, bevor eine Rente wegen Alters beansprucht werden kann. Der Arbeitnehmer muss seine bisherige wöchentliche **Arbeitszeit halbieren** und versicherungspflichtig beschäftigt sein. Bei Vereinbarungen, die unterschiedliche wöchentliche Arbeitszeiten oder eine variable Verteilung vorsehen, sind die Voraussetzungen gem. § 2 II S. 1 AltTZG u.a. auch gegeben, wenn die wöchentliche Arbeitszeit im Durchschnitt eines Zeitraumes von bis zu drei Jahren, bei kollektiven Regelungen sogar bis zu sechs Jahren, die Hälfte der bisherigen wöchentlichen Arbeitszeit nicht überschreitet. Nach § 3 I Nr. 1 AltTZG muss der Arbeitgeber das Arbeitsentgelt um mindestens 20% des Regelarbeitsentgelts aufstocken und zusätzliche Beiträge zur gesetzlichen Rentenversicherung des Arbeitnehmers, mindestens in Höhe von 80% des Regelentgeltes, leisten.

Aus rechtlicher Sicht spricht nichts dagegen, dass die Senior-Führungskraft in der Anfangsphase der Altersteilzeit bzw. des Topsharings mehr als 50% der bisherigen Arbeitszeit leistet, solange sich dies innerhalb von drei bzw. sechs Jahren wieder ausgleicht. Die Modellvariante Entlastung könnte somit so gestaltet werden, dass die Nachfolgekraft anfangs angelernt und intensiv unterstützt wird, sodass es bewusst zu Zeitüberschneidungen der beiden Topsharer und einer „Überbesetzung" der Stelle kommt. Nach und nach könnte die Senior-Führungskraft Bereiche und Entscheidungskompetenzen an den Nachfolger abgeben und die Arbeitszeit so reduzieren, dass sie durchschnittlich nicht mehr als die Hälfte ihrer bisherigen Arbeitszeit aufbringt. Die ältere Führungskraft hätte damit den Vorteil „kürzertreten" zu können und gleichzeitig durch die zusätzlichen Leistungen des Arbeitgebers verringerte finanzielle Einbußen verkraften zu müssen.

## 3.3 Zwischenfazit

Auch Führungskräfte haben das Recht, im Einvernehmen mit dem Arbeitgeber einer Teilzeittätigkeit in Form des Topsharings nachzugehen. Die zugrundeliegenden rechtlichen Bedingungen des Jobsharings sind gesetzlich verankert und bei Beachtung dieser Grenzen als unproblematisch einzuschätzen. Jedoch hinterlassen die Besonderheiten des Topsharings, die nicht abschließend gesetzlich oder durch die Rechtsprechung thematisiert wurden, eine gewisse Unsicherheit für den Arbeitgeber. Dies betrifft vor allem die partiellen Überschneidungen der Aufgaben- bzw. Verantwortungsbereiche der Führungskräfte. Für einzelne „Schwachstellen" konnten im Verlauf der Arbeit Lösungsvorschläge aufgezeigt werden, wohingegen es bei der Haftung der Führungskräfte aus Arbeitgeberperspektive aktuell keine befriedigende Lösung gibt, die die Problematik der partiellen Gemeinschaftsleistung rechtssicher lösen kann. Die arbeitsrechtliche Umsetzbarkeit kann deswegen nur eingeschränkt bejaht werden.

# 4 Handlungsempfehlungen

Unter Einbeziehung der gewonnenen Erkenntnisse werden Handlungsempfehlungen gegeben, wie Topsharing als ein Instrument des Employer Brandings im Unternehmen erfolgreich eingesetzt werden kann.

## 4.1 Strategische Ausrichtung des Topsharings definieren:

- ➢ Ausrichtung der Employer Brand anhand der Unternehmensmarke, Unternehmenszielen, zukünftigen Herausforderungen und Zielgruppenpräferenzen
- ➢ Ableiten zielgruppenorientierter Topsharing-Varianten, die mit attraktiven Zusatznutzen versehen werden

### 4.1.1 Variante Balance

Zielgruppe: Führungsnachwuchskräfte

Umfang: Vollzeitnah (70-75% einer Vollzeitstelle)

Sonstiges: Ermöglichen von Telearbeit

Kombinationsmöglichkeit: Brückenteilzeit

### 4.1.2 Variante Familie

Zielgruppe: Führungskräfte mit familiären Verpflichtungen

Umfang: 15 bzw. 25-30 Stunden

Ausgestaltung: Ggf. Bevorzugung verkürzter Tagesarbeitszeiten

Sonstiges: Ermöglichen von Teleheimarbeit

Kombinationsmöglichkeit: Elternzeit und Familienpflegezeit

### 4.1.3 Variante Entlastung

Zielgruppe: Ältere Führungskräfte

Umfang: Halbierung der bisherigen Arbeitszeit

Sonstiges: Zur Einarbeitung von Nachfolgeführungskräften nutzbar, Wissenstransfer sichert Knowhow im Unternehmen

Kombinationsmöglichkeit: Altersteilzeit

➤ Kombinierte Einführung der drei Varianten unter Anpassung an individuelle Besonderheiten der Führungskräfte sowie des Unternehmens, um den größtmöglichen Effekt zu erzielen

## 4.2 Förderliche Faktoren bei der Umsetzung des Modells beachten:

➤ Arbeitszeit individuell auf Topsharer sowie Unternehmensinteressen zuschneiden, zeitliche Überschneidungen (110-120%) ermöglichen

➤ Verteilung der Arbeitsinhalte schriftlich fixieren und allen relevanten Mitarbeitern zur Verfügung stellen

➤ Schaffung eines internes Regelwerkes welches Regeln z.B. über das Vorgehen bei Uneinigkeiten der Topsharer oder ob die Partner sich in „Notfällen" telefonisch kontaktieren dürfen beinhaltet

➤ Öffnung des Topsharings für alle Führungskräfte, um ausreichend Partner zu generieren

➤ Ausschreibung „topsharingfähiger" Stellenanzeigen als solche, sowie Thematisierung im Zuge von Mitarbeitergesprächen

➤ Unterscheidung zwischen Einzel- und Gemeinschaftszielen, bei Letzteren ist ein gemeinsames Mitarbeitergespräch sinnvoll

➤ Nutzung eines Gemeinschaftsbüros sowie Ermöglichung von Telearbeit

➤ Empfehlenswerter Arbeitsvertragsentwurf befindet sich im Anhang

# 5 Fazit

Im Rahmen der vorliegenden Arbeit sollte die Forschungsfrage beantwortet werden, ob die Relevanz des Topsharings wegen seiner aktuellen Bedeutung als Employer Branding Instrument steigt und ob die arbeitsrechtliche Umsetzbarkeit eine Hürde für Unternehmen darstellt.

In Anbetracht aktueller Herausforderungen, die durch den demografischen Wandel, den „War for talents" und den Wertewandel geprägt sind, wird es für einige Unternehmen unumgänglich sein, ihre Employer Brand im Zuge einer Zielgruppenerweiterung so zu positionieren, dass der Fokus nicht mehr singuär auf dem „hart umkämpften" Führungskräftenachwuchs liegt. Es hat sich herausgestellt, dass der gemeinsame Wunsch nach Work Life Balance eine Schnittmenge mehrerer Zielgruppen und ihrer Präferenzen darstellt, die ein bisher in Unternehmen häufig ungenutztes bzw. zu wenig genutztes Potenzial darstellen. Neben den Führungsnachwuchskräften fühlen sich auch Führungskräfte mit familiären Verpflichtungen und ältere Führungskräfte gezielt durch Maßnahmen zur Verbesserung der Vereinbarkeit von Erwerbs- und Privatleben angesprochen. Topsharing bietet im Zuge der Arbeitszeitreduzierung in Verbindung mit einer hohen Zeitsouveränität die Chance, den Führungskräften ihren Wunsch zu erfüllen und dabei weiterhin attraktiven Arbeitsinhalten nachgehen zu können. Dafür wurden im Verlauf dieser Arbeit drei Modellvarianten, nämlich Balance, Familie und Entlastung, entwickelt, an die unterschiedlichen Lebenssituationen angepasst und mit relevanten Zusatznutzen versehen. Die steigende Bedeutung des Topsharings als Instrument des Employer Brandings kann eindeutig bejaht werden. Es liefert einen wesentlichen Beitrag zur Steigerung der Arbeitgeberwettbewerbsfähigkeit und trägt damit auch zur Abfederung möglicher Engpässe bei, indem es die Arbeitgeberattraktivität für aktuelle sowie potenzielle Führungskräfte steigert. Dadurch wird die Wirksamkeit der Personalgewinnung sowie -bindung nachhaltig erhöht. Die Analyse der rechtlichen Rahmenbedingungen hat grundsätzlich eine gesetzlich gefestigte Basis ergeben. Die Grundlagen des Jobsharings sind in § 13 TzBfG vom Gesetzgeber explizit thematisiert worden und können auf das Topsharing übertragen werden. Ebenso ist es möglich, auf die Arbeitsvertragsinhalte des Jobsharings zurückzugreifen, ein eigens konzipierter Topsharing-Arbeitsvertrag stellt keine Notwenigkeit dar. Jedoch sind die Besonderheiten des Topsharings, die sich durch eine partielle Aufgabenüberschneidung und einen explizit definierten Teil gemeinsam getragener Verantwortung auszeichnen, auf Grundlage des Gesetzes nicht vollständig zufriedenstellend lösbar. Zudem findet sich in den letzten Jahren keine Rechtsprechung, die sich mit einem gelebten Beispiel des Jobsharings bzw. Topsharings beschäftigt hat. Für die Regelungslücke, inwiefern mit Uneinigkeiten der Führungskräfte umgegangen werden soll, die Entscheidungen im Unternehmen möglicherweise blockieren, wurden erfolgreich Lösungsvorschläge erarbeitet und aufgezeigt. Für den Fall der Haftung von Führungskräften im Zuge einer Schlechtleistung, die auf einer gemeinschaftlich erbrachten Leistung der Topsharer beruht, konnte für den Arbeitgeber aktuell keine befriedigende Lösung gefunden werden. Er trägt damit das Risiko, falls eine Schlechtleistung nicht zweifelsfrei einem Partner zugeordnet werden kann. Es ist denkbar, dass mit zunehmender Verbreitung des Topsharings entweder die Rechtsprechung oder der Gesetzgeber diese Haftungslücke schließt. Bis dahin kann die arbeitsrechtliche Umsetzbarkeit nur eingeschränkt bejaht werden. Ist der Arbeitgeber sich diesem potentiellen Haftungsrisiko bewusst und entscheidet er sich unter Abwägung der Chancen und Risiken dafür das Potenzial einer Steigerung der Arbeitgeberwettbewerbsfähigkeit nutzen zu wollen, steht der Einführung des Topsharings im Unternehmen auch aus arbeitsrechtlicher nichts entgegen.

# Anhang

## Anhang Jobsharing Muster-Zusatzvertrag[192]

Zwischen ...,

im folgenden Arbeitgeber genannt,

und ...,

im folgenden Arbeitnehmer genannt,

wohnhaft in ...,

wird ein Jobsharing- Arbeitsverhältnis (Arbeitsplatzteilung) nach dem Teilzeit- und Befristungsgesetz geschlossen.

### § 1 Vertragsgegenstand

Der Arbeitnehmer wird ab ... als... in einem Jobsharing-Arbeitsverhältnis eingestellt.

### § 2 Arbeitszeit

2.1 Die regelmäßige Arbeitszeit des Arbeitnehmers beträgt ... Stunden ... Woche / ... Monat

2.2 Innerhalb von ... Wochen / ... Monaten ist der Arbeitnehmer verpflichtet, seinem vertraglich festgelegten Arbeitszeitanteil zu erfüllen.

### § 3 Zusammensetzung des Jobsharing-Teams

3.1 Der Arbeitnehmer teilt seinen Arbeitsplatz mit ... anderen Arbeitnehmern (Jobsharing-Partner). Zusammen bilden sie das Jobsharing-Team.

3.2 Die Zusammensetzung des Jobsharing-Teams kann vom Arbeitgeber jederzeit aus betrieblichen Gründen verändert werden. Berechtigte Wünsche des Arbeitnehmers werden dabei Berücksichtigung finden.

---

[192] Eigens erstellter Arbeitsvertrag in Anlehnung an: Nebendahl, Teilzeitarbeitsvertrag, S. 161 ff.; Range-Ditz, Arbeit auf Zeit, S. 129.

### § 4 Arbeitszeitplanung

4.1 Im Rahmen der betriebsüblichen Arbeitszeit haben die Jobsharing-Partner die gemeinsame Verpflichtung über die Aufteilung ihrer Arbeitszeit abzustimmen und den Arbeitsplatz alternierend zu besetzen.

4.2 Der erstellte Einsatzplan ist dem Arbeitgeber mindestens ... Tage im Voraus für den Zeitraum von ... Tagen/Wochen zur Verfügung zu stellen. Kann zwischen den Jobsharing-Partnern bis zu diesem Termin keine Einigung bzgl. der Aufteilung der Arbeitszeit erzielt werden wird der Einsatzplan vom Arbeitgeber festgelegt / gilt der anhängende Ersatz-Einsatzplan.

4.3 Mehrere Jobsharing-Partner dürfen nicht / nur für die Dauer von ... Stunden pro Tag gleichzeitig einer Arbeitstätigkeit nachgehen.

### § 5 Arbeitsvertretung

5.1 Variante 1: Ist ein Jobsharing-Partner an der Erbringung der Arbeitsleistung verhindert, so sorgt der Arbeitgeber für eine Vertretung, falls die Jobsharing-Partner für den Einzelfall keine interne Vertretungsregelung getroffen haben.

Variante 2: Ist ein Jobsharing-Partner an der Erbringung der Arbeitsleistung verhindert und liegen dringende betriebliche Gründe vor, ist der Jobsharing-Partner zur Vertretung verpflichtet, wenn ihm die Vertretungsleistung im Einzelfall zumutbar ist.

5.2 Vertretungszeiten werden nicht auf die vertraglich vereinbarte Arbeitszeit angerechnet, sondern separat in Höhe des vereinbarten Arbeitsentgeltes ausgezahlt.

### § 6 Beendigung

6.1 Der Arbeitgeber ist auf Grund der Beendigung eines Jobsharing-Arbeitsverhältnisses nicht berechtigt, den übrigen Jobsharing-Partner zu kündigen.

6.2 Das Recht zur Änderungskündigung aus diesem Anlass, zur Kündigung des Arbeitsverhältnisses aus anderen Gründen, sowie das Recht auf außerordentliche Kündigung bleiben unberührt.

## § 7 Schlussbestimmungen

Die Unwirksamkeit einzelner der vorstehenden Bestimmungen führen nicht zu einer Unwirksamkeit des übrigen Vertrages. Die Parteien sind verpflichtet, die unwirksame Bestimmung durch eine wirksame Bestimmung zu ersetzen, die dem mit der unwirksamen Bestimmung wirtschaftlich gewollten am nächsten kommt.

_____ Ort und Datum       _____ Ort und Datum

_____ Arbeitgeber          _____ Arbeitnehmer

## Literaturverzeichnis

ABRELL, BRIGITTE, Führen in Teilzeit. Voraussetzungen, Herausforderungen und Praxisbeispiele, Wiesbaden 2015.

ARBEITSRECHTS- HANDBUCH, Schaub, Günther (Begr.), 17. Aufl., München 2017, (zit.: Name Bearbeiter, in: ArbR-HdB).

BAECK, ULRICH/WINZER, THOMAS/ABEND, TOBIAS, Neuere Entwicklungen im Arbeitsrecht. Änderungen im Teilzeitrecht: Einführung der Brückenteilzeit, in: NGZ Heft 21/2018, 816-818.

BAILLOD, JÜRG, Teilzeitarbeit und Job Sharing in Führungspositionen, in: Ulich, Eberhard (Hrsg.), Beschäftigungswirksame Arbeitszeitmodelle, Bd. 29, Zürich 2001, 287-330.

BAUMANN, DOMINIK, Das unterschätzte Potenzial - Fokussierung auf ältere Mitarbeitende als Erfolgsfaktor für Unternehmen, in: Hasebrook, Joachim/Zinn, Bernd/Schletz, Alexander (Hrsg.), Lebensphasen und Kompetenzmanagement. Ein Berufsleben lang Kompetenzen erhalten und entwickeln, Berlin 2018, 37-45.

BOECKEN, WINFRIED/JOUSSEN, JACOB, Teilzeit- und Befristungsgesetz, Handkommentar, 5. Aufl., Baden-Baden 2018, (zit.: Name Bearbeiter, in: HK-TzBfG).

BRÖCKNER, SEBASTIAN, Nebenpflichten und Haftung von Arbeitnehmern in Führungspositionen, Bd. 39, Diss. Universität Freiburg, Baden-Baden 2012.

BROEL, SUSANNE, Chefposten für Zwei?, JobSharing für Führungskräfte, Hamburg 2013.

BUNDESAGENTUR FÜR ARBEIT (Hrsg.), Fachkräfteengpassanalyse. Berichte: Blickpunkt Arbeitsmarkt, Nürnberg 2018.

BUNDESAGENTUR FÜR ARBEIT (Hrsg.), Perspektive 2025. Fachkräfte für Deutschland, o.O. 2011.

BUNDESANSTALT FÜR ARBEITSSCHUTZ UND ARBEITSMEDIZIN (Hrsg.), Flexible Arbeitszeitmodelle. Überblick und Umsetzung, Dortmund 2017.

BUNDESMINISTERIUM FÜR FAMILIE, SENIOREN, FRAUEN UND JUGEND (Hrsg.), Elterngeld, ElterngeldPlus und Elternzeit. Das Bundeselterngeld- und Elternzeitgesetz, 21. Aufl., Paderborn 2018.

BUNDESMINISTERIUM FÜR FAMILIE, SENIOREN, FRAUEN UND JUGEND (Hrsg.), Familienfreundlichkeit – Erfolgsfaktor für Arbeitgeberattraktivität. Kurzfassung der Personalmarketingstudie 2010- eine repräsentative Umfrage unter deutschen Arbeitgebern und Beschäftigten, Berlin 2010.

BUNDESMINISTERIUM FÜR FAMILIE, SENIOREN, FRAUEN UND JUGEND (Hrsg.), Familienfreundlichkeit als Erfolgsfaktor für die Rekrutierung und Bindung von Fachkräften. Ergebnisse einer repräsentativen Umfrage unter Arbeitgebern und Beschäftigten, Berlin. 2008.

DANNE, HARALD THEODOR, Job-sharing- Grundform flexibler Arbeitszeiten. Neue Chancen für Betriebe und Arbeitnehmer, in: Spiegel der Forschung, Heft 2-3/1987, 35-36.

DANNE, HARALD THEODOR, Das Job-sharing. Seine arbeits- und sozialversicherungsrechtliche Beurteilung nach Inkrafttreten des Beschäftigungsförderungsgesetzes 1985, Neuwied/Darmstadt 1986.

DEUTSCHE GESELLSCHAFT FÜR PERSONALFÜHRUNG E.V. (Hrsg.), DGFP Studie Megatrends 2015, Düsseldorf 2015.

DEUTSCHE EMPLOYER BRANDING AKADEMIE GMBH, Mission und Grundsätze, www.employerbranding.org/about/mission-und-grundsaetze/, (letzter Aufruf: 15.02.19, 12:06).

DEUTSCHE INDUSTRIE- UND HANDELSKAMMERTAG E.V. (Hrsg.), Fachkräfte gesucht wie nie!. DIHK-Arbeitsmarktreport 2018, Berlin 2018.

ENACTUS E.V./HHL (Hrsg.), Enactus Studie 2014. Das Arbeitgeberwahlverhalten der Generation Y, o.O. 2014.

ERFURTER KOMMENTAR zum Arbeitsrecht, Dieterich, Thomas/Hanau, Peter/Schaub, Günther (Begr.), 19. Aufl., München 2019, (zit.: Bearbeiter, in: ErfK).

FLÜCH, SABINE/STETTES, OLIVER, Familienfreundlichkeit in der deutschen Wirtschaft. Ergebnisse des Unternehmensmonitors Familienfreundlichkeit 2013, in: IW Trends, Heft 03/2013, 1-15.

FRANK, NADINE/GOTTWALD, MARIO, Mitarbeiterpotenziale länger nutzen. Fachkräftesicherung durch flexible Berufsausstiegsmodelle, Bd. 58, Bielefeld 2013.

GILLIES, CONSTANTIN, Totgesagte lenken länger. Führungsmodell Doppelspitze, in: managerSeminare, Heft 189/2013, 1-26.

GÜNTHER, TINA, Die demografische Entwicklung und ihre Konsequenzen für das Personalmanagement, in: Preißing, Dagmar (Hrsg.), Erfolgreiches Personalmanagement im demografischen Wandel, 2. Aufl., München 2014, 1-48.

HELLERT, ULRIKE/PETERS, UTE/GOESMANN, CHRISTINA, Innovatives Employer Branding durch Lebensphasenorientierung, in: Gerlmaier, Anja (Hrsg.) u.a., Praxishandbuch lebensphasenorientiertes Personalmanagement. Fachkräftepotenziale in technischen Entwicklungsbereichen erschließen und fördern, Wiesbaden 2016, 97-113.

HIELSCHER, VOLKER/MATTHÄI, INGRID, Nicht nur für die Älteren: Arbeitszeit zukunftsfähig gestalten, in: Bundesanstalt für Arbeitsschutz und Arbeitsmedizin/Richter, Götz/Niehaus, Michael (Hrsg.), Personalarbeit im demografischen Wandel, Bielefeld 2015, 163-177.

HIMMEN, ESTHER, Topsharing. Eine Studie zum Interesse an Jobsharing auf Führungsebene, Wiesbaden 2019.

HOLWE, JOACHIM u.a., Teilzeit- und Befristungsgesetz, Basiskommentar zum TzBfG, 5. Aufl., Frankfurt am Main 2016.

INSTITUT DER DEUTSCHEN WIRTSCHAFT KÖLN E.V. (Hrsg.), Vereinbarkeit von Familie und Beruf. Handlungsempfehlung, Köln/Berlin 2016.

JUNG, HANS, Personalwirtschaft, 10. Aufl., Berlin/Boston 2017.

KARLSHAUS, ANJA/KAEHLER, BORIS, Führen in Teilzeit - Zum Stand der Dinge in Theorie und Praxis, in: Karlshaus, Anja/Kaehler, Boris (Hrsg.), Teilzeitführung. Rahmenbedingungen und Gestaltungsmöglichkeiten in Organisationen, Wiesbaden 2017, 3-30.

KARLHAUS, ANJA, Führung in Teilzeit, in: Doyé (Hrsg.), CSR und Human Resource Management. Die Relevanz von CSR für modernes Personalmanagement, Berlin/Heidelberg 2016, 69-97.

KIRSCHTEN, UTA, Employer Branding im demografischen Wandel, in: Preißing, Dagmar (Hrsg.), Erfolgreiches Personalmanagement im demografischen Wandel, 2. Aufl., München 2014, 113-145.

KIRSCHTEN, UTA, Wissensmanagement im demografischen Wandel – Herausforderung und Bedeutung für das Personalmanagement, in: Preißing, Dagmar (Hrsg.), Erfolgreiches Personalmanagement im demografischen Wandel, 2. Aufl., München 2014, 237-287.

KLEIN, NICOLE u.a., Employer Branding. Wie können Unternehmen den "War for Talents" gewinnen und qualifizierte Mitarbeiter binden?, Norderstedt 2015.

KÖRBER-STIFTUNG (Hrsg.), Die Babyboomer gehen in Rente. Was für die Kommunen bedeutet. Thesenpapier des Berlin-Instituts für Bevölkerung und Entwicklung für die Körber-Stiftung, Hamburg 2018.

KRONE-GERMANN, IRENKA u.a., Jobsharing. Zwei Kompetenzen zum Preis von einer, o.O. 2017.

KREMMEL, DIEMAR/VON WALTER, BENJAMIN, Employer Branding als Teil einer integrierten Markenführung, in: Von Walter, Benjamin/Kremmel, Dietmar (Hrsg.), Employer Brand Management. Arbeitgebermarken aufbauen und steuern, Wiesbaden 2016, 37-67.

KRIEGLER, WOLF REINER, Praxishandbuch Employer Branding. Mit starker Marke zum attraktiven Arbeitgeber werden, 2. Aufl., Freiburg 2015.

KRÜGER, KATHY, Herausforderung Fachkräftemangel. Erfahrungen, Diagnosen und Vorschläge für die effektive Personalrekrutierung, Wiesbaden 2018.

KUARK, JULIA/WHYSS, MARCO, Erfolgsfaktoren für TopSharing. Voraussetzungen für partnerschaftliche Führung im organisationalen Kontext, in zfo, Heft 01/2016, 37-43.

KUARK, JULIA, Das Modell TopSharing. Gemeinsam an der Spitze, Brugg 2013.

LADWIG, DÉSIRÉE/DOMSCH, MICHAEL, Chancen und Risiken bei der Implementierung von Teilzeitführung, in: Karlshaus, Anja/Kaehler, Boris (Hrsg.), Teilzeitführung. Rahmenbedingungen und Gestaltungsmöglichkeiten in Organisationen, Wiesbaden 2017, 115-126.

LANGHOFF, THOMAS, Die Bedeutung von Innovationskompetenz im demografischen Wandel als Voraussetzung zur Innovationsfähigkeit von Unternehmen, in: Langhoff, Thomas (Hrsg.) u.a., Innovationskompetenz im demografischen Wandel. Konzepte und Lösungen für die unternehmerische Praxis, Wiesbaden 2015, 14-41.

LINDE, KLAUS, Job-Sharing, in: Preis, Ulrich (Hrsg.), Innovative Arbeitsformen. Flexibilisierung von Arbeitszeit, Arbeitsentgelt, Arbeitsorganisation, Köln 2005, 889-909 (zit.: IAf).

LONSKI, ANASTASIA/FRITZ, MAIKA, Die Führungskraft der BayWa als Treiber der Personalentwicklung - Generationsspezifische Anforderungen für eine erfolgreiche Zusammenarbeit, in: Von Au, Corinna (Hrsg.), Anreizsysteme für Leadership Organisationen. Employer Branding und Anreizsysteme der Next Practice, Wiesbaden 2018, 51-77.

MÜNCHENER HANDBUCH ZUM ARBEITSRECHT, Kiel, Heinrich/Lunk, Stefan/Oetker, Hartmut (Hrsg.), Bd. 1, 4. Aufl., München 2018, (zit.: Name Bearbeiter, in MHdB ArbR).

MÜNCHENER HANDBUCH ZUM ARBEITSRECHT, Kiel, Heinrich/Lunk, Stefan/Oetker, Hartmut (Hrsg.), Bd. 2, 4. Aufl., München 2018, (zit.: Name Bearbeiter, in MHdB ArbR).

MÜNCHENER KOMMENTAR, Bürgerliches Gesetzbuch, Säcker, Franz Jürgen u.a. (Hrsg.), Bd. 4, 7. Aufl., München 2016, (zit.: Name Bearbeiter, in: MüKo).

NEBENDAHL, MATTHIAS, Teilzeitarbeitsvertrag. Herkömmliche Teilzeitarbeit, Abrufarbeit und Arbeitsplatzteilung, 3. Aufl., Bd. 21, München 2005.

OLESCH, GUNTHER, Der Weg zum attraktiven Arbeitgeber. Employer Branding in der Unternehmenspraxis, 2. Aufl., Freiburg 2016.

OTTO, HANSJÖRG/SCHWARZE, ROLAND/KRAUSE, RÜDIGER, Die Haftung des Arbeitnehmers, 4. Aufl., Berlin/Boston 2014, (zit.: Name Bearbeiter, in: Haftung des Arbeitnehmers).

PARMENT, ANDERS, Die Generation Y. Mitarbeiter der Zukunft motivieren, integrieren und führen, 2. Aufl., Wiesbaden 2013.

PREEDY, KARA, Arbeitsrechtliche Rahmenbedingungen der Teilzeitführung, in Karlshaus, Anja/Kaehler, Boris (Hrsg.), Teilzeitführung. Rahmenbedingungen und Gestaltungsmöglichkeiten in Organisationen, Wiesbaden 2017, 57-68.

PREIS, ULRICH, Arbeitsrecht, Individualarbeitsrecht, Lehrbuch für Studium und Praxis, 4. Aufl., Köln 2012.

RANGE-DITZ, DANIELA/BRÄUTIGAM, FRANK (Hrsg.), Arbeit auf Zeit. Ihre Rechte bei Leiharbeit, Befristung und Teilzeit, Düsseldorf 2013.

RICHTER, RONALD, ElterngeldPlus und Elternzeit, in: DStR, Heft 7/2015, 366-368.

RUMP, JUTTA/ EILERS, SILKE, Demografieorientiertes Personalmanagement. Hintergründe und Handlungsansätze, in: Rump, Jutta/Eilers, Silke (Hrsg.), Demografieorientiertes Personalmanagement. Hintergründe und Handlungsansätze, Köln 2014, 11-52.

SCHERM, EWALD/SÜß, STEFAN, Personalmanagement, 3. Aufl., München 2016.

SCHÜREN, PETER u.a., Job Sharing. Arbeitsrechtliche Gestaltung unter Berücksichtigung amerikanischer Erfahrungen, Bd. 41, Heidelberg 1983.

SCHUH, SEBASTIAN/SCHULTES-JASKOLLA, GABRIELE/STITZEL, MICHAEL, Alternative Arbeitszeitstrukturen, in: Marr, Rainer (Hrsg.), Arbeitszeitmanagement. Grundlagen und Perspektiven der Gestaltung flexibler Arbeitszeitsysteme, 3. Aufl., Berlin 2001, 117-140.

SCHULENBURG, NILS, Führung einer neuen Generation. Wie die Generation Y führen und geführt werden sollte, Wiesbaden 2016.

SCHWAB, BRENDT, Haftung im Arbeitsverhältnis. 1. Teil: Die Haftung des Arbeitnehmers, in: NZA-RR, Heft 4/2016, 169-224.

SPRINGER GABLER, Kompakt-Lexikon HR: 650 Begriffe nachschlagen, verstehen und anwenden, Wiesbaden 2013.

STAUB, SAMATHA, Jobsharing als CSR-Instrument zur Integration von Geflüchteten, Wiesbaden 2018.

STATISTISCHES BUNDESAMT (Hrsg.), Bevölkerung Deutschlands bis 2060. 13. Koordinierte Bevölkerungsvorausberechnung, Wiesbaden 2015.

STICHWORTKOMMENTAR ARBEITSRECHT, Grobys, Marcel/Panzer, Andrea (Hrsg.), 2. Aufl., Baden- Baden 2014, (zit.: Name Bearbeiter, in: SWK-ArbR).

WILDHABER, ISABELLE/GEISER, THOMAS, Arbeitsrechtliche Fallstricke beim Jobsharing, in: AVR, 01/2016, 1-9.

WÖRWAG, SEBASTIAN/CLOOTS, ALEXANDRA, Flexible Arbeitsmodelle für die Generation 50+. Wirkungsvolle Maßnahmen gegen den vorzeitigen Austritt aus der späten Erwerbsphase, Wiesbaden 2018.

ZÖLCH, MARTINA/MÜCKE, ANJA, Personalmanagement demografiegerecht gestalten, Stuttgart 2018.